Moin!

Möglicherweise liege ich komplett falsch, aber haben Sie schon mal gehört, dass Ihnen jemand erzählt hat: „Kaum bin ich in Italien, muss ich sofort eine Pizza essen." Oder: „Gleich hinter der spanischen Grenze halten wir immer an der ersten Tapas-Bar an." Ich jedenfalls habe solche Sätze noch nie gehört, meistens ist ja auch noch ein gutes Stück zu fahren, bevor man sein Urlaubsziel in Italien erreicht hat oder am spanischen Strand angekommen ist. Da hält man sich mit so was doch nicht auf, da heißt es meistens: „Wenn wir da sind, gehen wir schön was essen, dann sind wir in den Ferien."

Anders ist das beim Fischbrötchen. Für viele Schleswig-Holsteiner-Urlauber oder Hamburg-Touristen beginnen mit dem ersten Biss in das Fischbrötchen die Ferien. Das muss nicht unbedingt erst am Zielort sein, schon auf dem Weg dorthin kann man sich mit einem kurzen „Buden-stopp" auf den Urlaub einstimmen.

Und dort geht es los: Man hört Möwengeschrei, es riecht bereits ein wenig nach Salzwasser und Tang, die Sonne scheint und der Wind pfeift. Nun noch ein gutes Fischbrötchen, und der Urlaub hat begonnen.

Damit die Vorfreude auf den Urlaub oder den Wochenendausflug nicht frühzeitig baden geht, haben wir uns den *Fischbrötchen Report* ausge-dacht. Mit diesem norddeutschen Reiseführer in der Jacken- oder Hosentasche sollten Sie zwar nicht ins Wasser gehen, aber Sie werden bestimmt keinen Fischbrötchen-Reinfall erleben.

Das Team vom *Fischbrötchen Report* wünscht Ihnen einen erholsamen Aufenthalt im Land zwischen den Meeren, einen spannenden Hamburg-Besuch, vor allem aber guten Hunger – mit der besten Zwischen-mahlzeit Norddeutschlands in der Hand sollte da nix schief gehen.

Guten Appetit!

Tilman Schuppius

Tilman Schuppius

P.S.: Ihr Fischbrötchen-Geheimtipp ist nicht dabei? Nennen Sie uns Ihre Fischbrötchen-Bude unter www.fischbroetchenreport.de oder bei facebook.com/fischbroetchenreport. Wir kümmern uns darum!

DER INHALT

NORDFRIESLAND 34

Folgen Sie unserer Fischbrötchen-test-Route von Tönning über St. Peter-Ording, Husum und Nordstrand bis auf die herrlichen Inseln Pellworm, Amrum, Föhr und natürlich Sylt. Dort in List thront „Jünne" Gosch in der nördlichste Fischbude Deutschlands.

DER NORDOSTEN 92

Bei „Bens Fischhütte" in Flensburg, der Stadt an der Förde, beginnt unsere Tour durch den Nordosten. Auf dem Weg durch diesen schönen Landstrich passieren wir Glücksburg, Kappeln, Schleswig, um am Ende die „Fischbar" in Kiel zu besuchen.

**UNSERE AUSFLUGSKARTE FINDEN SIE
IN DER HINTEREN UMSCHLAGKLAPPE**
DIE SCHÖNSTEN FREIZEITTIPPS
MIT BAHN UND BUS

Schneller zu den schönsten Ausflügen

Um das Auffinden der Tipps einfacher zu machen, verwenden wir in unserem Reiseführer diese kleinen Bildchen:

 Bootsverleih

 Radtour

 Wassersport

 Ausflugsboot

 Natur

Wandern

 Badestelle

 Angeln

 Sehenswürdigkeit

 Sport

 Information

 Kulinarik

 Museum

DITHMARSCHEN

Über ganz unterschiedlich große Attraktionen an Dithmarschens Küste berichtet dieses erste Kapitel. Die Reise beginnt in Brunsbüttel, wo Sie mit einem frisch belegten Fischbrötchen in der Hand zu sehen können, wie sich **dicke Frachtschiffe** gaaanz sutsche in die engen Schleusen des Nord-Ostseekanals schieben. Deutlich kleiner, aber nicht weniger faszinierend als die Dampfer sind Alfred Urthels **Krabbenschälmaschinen** – zu besichtigen in Friedrichskoog. Mit Krabben kennt man sich auch im schicken „Hafenpick" in Büsum aus, wo das Pulen allerdings noch **klassische Handarbeit** ist. Schließlich landen wir am Eidersperrwerk – eine weitere Attraktion Dithmarschens und ein **äußerst beliebter Treffpunkt** von radelnden und Motorrad fahrenden Fischbrötchen-Fans.

BRUNSBÜTTEL

Torhaus und Torhäuschen

Torhaus und Torhäuschen
Gustav-Meyer-Platz 3, 25541 Brunsbüttel
Telefon 0 48 52 / 94 05 77

Anfahrt
Vom Bahnhof Itzehoe / Viktoriastraße mit der Buslinie 6606 bis zur
Haltestelle „Brunsbüttel Fähre Nord"

Öffnungszeiten
April bis Ende Oktober: täglich von 10.30 bis 21 Uhr
November bis Ende März: Donnerstag Ruhetag

Allen Shipspottern unter uns Landratten ist die Brunsbütteler Schleuse am westlichen Ende des Nord-Ostsee-Kanals als ideale Location zum Schiffe-Gucken ein Begriff. Dort kann man Frachter oder Kreuzfahrtschiffe dabei beobachten, wie sie in die Schleusenkammern hineingleiten und sich anschließend schööön viel Zeit lassen. Etwa eine Stunde dauert so ein Schleusenvorgang. Wer schlau ist, hockt sich ans Ufer und genießt die Vorstellung mit einem anständig belegten Fischbrötchen.

Die gibt's gleich vor Ort im „Restaurant & Café Torhaus", einem Lokal mit italienischer und deutscher Küche sowie einer feinen Auswahl an leckeren Fischbrötchen, für die sich das Kommen auch ohne Schiffsbesichtigung lohnt. Besonders knackig und würzig schmeckte im Test die Lachsvariante, die mit Salatblatt und Mayonnaise serviert wird. Standardmäßig werden die von einem Brunsbütteler Bäcker gelieferten Brötchen frisch aufgeschnitten und belegt. Und wenn in den Sommermonaten die beiden dem Restaurant vorgelagerten Torhäuschen ihre Luken geöffnet haben, dann kann man den Imbissmitarbeitern sogar bei der Zubereitung der Fischbrötchen auf die Finger gucken. 🐟

Ordentlich was los an der Schleuse – an Land und auf dem Nord-Ostsee-Kanal

Schleusenmuseum

Ist der Heißhunger erst einmal gestillt, lässt sich hier, auf der Nordseite des Kanals, ganz prima die Gegend erkunden: Gleich um die Ecke befindet sich das hochinteressante Schleusenmuseum „Atrium", in dem anhand von Schiffsmodellen und historischen Exponaten Funktion und Geschichte der 98 Kilometer langen, meistbefahrenen künstlichen Wasserstraße der Welt erläutert werden. Und wenn man schon mal da ist, sollte man die Gelegenheit nutzen, einen Blick von der zum Museum gehörenden Aussichtsplattform zu werfen (Öffnungszeiten: 15. März bis 15. November von 10.30 bis 17 Uhr). Etwas sportlicheren Fischbrötchenfreunden sei ein Spaziergang in Richtung Nordsee empfohlen, also immer dem Sonnenuntergang entgegen. Längsseits des grünen Deichs kann man wunderbar ausschreiten und dabei den Duft der großen weiten Welt schnuppern.

NEUFELD

Op'n Diek

Op'n Diek
Op'n Diek 3, 25724 Neufeld
Telefon 0 48 51 / 18 40

Anfahrt
Von der Bushaltestelle „Kronprinzenkoop Mitte / Schule" mit der Buslinie 2592 bis zur Haltestelle „Neufeld Op'n Diek / Schule"

Öffnungszeiten
Täglich 11 bis 23 Uhr, Montag Ruhetag

Zwei übergroße, aus Ton gebrannte Garnelen flankieren den elbseitig gelegenen Garteneingang zu Dithmarschens vielleicht am luftigsten gelegenen Fischbrötchenimbiss, wobei die Bezeichnung „Restaurant" oder „Gaststätte" in diesem Fall treffender ist. „Op'n Diek" steht, wie der Name schon sagt, auf dem Deich, was den Besuchern bei gutem Wetter einen herrlichen Ausblick auf die hier schon mehrere Kilometer breite Elbmündung beschert.

Im Grunde seine Herzens ist das Lokal „Op'n Diek" ja „nur" ein gutbürgerliches Fischrestaurant – wäre nicht Karin Haje vor drei Jahren auf den genialen Gedanken gekommen, neben Welsfilet und gebratener Lachsforelle auch Fischbrötchen auf die Speisekarte zu hieven. Der Grund? Ganz simpel: „Weil ich Fischbrötchen für mein Leben gern esse", sagt die Betreiberin und lacht dabei so herzlich, dass man ihr sofort Glauben schenken muss. Erhältlich ist der maritime Imbiss in den Varianten Bismarck, *Krabben*, Matjes, Räucheraal und Fischfrikadelle. Die Brötchen werden vor Ort aufgebacken und frisch belegt. Dazu gibt's eine hausgemachte, würzige Mayonnaise. Übrigens wird auch der *Aal* nach eigener Rezeptur geräuchert; fragen Sie nach, dann können Sie ein Exemplar mit nach Hause nehmen.

Wer sich im Gastraum mit all den Schiffsmodellen, Porzellanfi-

**Karin und Peter Haje auf dem Deich:
Von Fischbrötchen und Dekoration
verstehen die beiden was**

guren und maritimen Postkarten
genauer umsieht, entdeckt mit Si-
cherheit das schmucke, blauweiße
Fischerboot mit seinen zwei Netzen,
das ein befreundeter Maler dort auf
die Leinwand gepinselt hat. Es ist
nicht etwa der Fantasie des Künst-
lers entsprungen, sondern zeigt
das Boot des Zulieferers von „Op'n
Diek". Wer hier Krabben verspeist,
kann sich also sicher sein, dass
diese tatsächlich „vor der Haustür"
gefangen werden. Mehr Frischega-
rantie geht nun wirklich nicht! 🐟

Fangfrische Krabben

Bis zu seiner Schließung Anfang der 70er Jahre galt der Neufelder Fischereihafen am Fuße des Deichs als einer der wichtigsten seiner Art in der Region. Geblieben ist bis heute eine idyllische kleine Anlegestelle, die von einem örtlichen Verein betrieben wird. Neben Segelyachten und Sportbooten machen hier im Sommer regelmäßig Krabbenkutter fest, um ihre fangfrische Ware unters Volk zu bringen. Die beste Zeit für einen Besuch ist in den Monaten August bis Oktober. Die Kutter fahren den Hafen nur bei Hochwasser an.

Pedalkraft

Von Neufeld aus immer am Deich entlang führt eine idyllische Radtour nach Brunsbüttel, begleitet von mähenden Schafen und dem Geschnatter der hier brütenden Vögel. Die rund elf Kilometer entfernte Hafenstadt lohnt allein schon das Kommen wegen der gewaltigen Ozeanriesen, die sich hier ganz gemächlich durch die Schleusen des Nord-Ostsee-Kanals schieben. Der gut ausgebaute Weg ist leicht zu finden: Abendsonne im Genick und immer der Deichkrone folgend. Reisedauer: etwa 45 Minuten bei gemächlichem Tempo.

Nordseegarnele
*

Nordseegarnelen (Crangon crangon) werden auch *Sand-* oder *Strand-garnelen, Granat, Porre, Knat, Graue Krabben* oder einfach nur *Krab-ben* genannt. Ihre Schale ist sandfarben und fast durchsichtig. Tagsüber vergraben sich die zwischen fünf und sieben Zenti-meter großen, zu den Zehnfußkrebsen gehörenden Tiere zum Schutz vor Fressfeinden flach im Sand. Nur die Augen und ihre Fühler lugen dann hervor. Mithilfe ihrer Pigmentzellen können sie ihren Panzer farblich perfekt dem Wattboden anpassen. Mit der Flut wandern die Nordseegarnelen auf die Wattflächen hin-auf, mit der Ebbe zurück in die Priele. Von Ende November bis Februar ziehen sie sich ins wärmere Tiefwasser zurück.

Vögel, Fische und junge Seehunde haben Krabben zum Fres-sen gern. Auch sie selbst sind gefräßige Räuber und knabbern sogar Wattwanderern, die nichts ahnend in einem Priel stehen, an den Füßen. Jährlich werden in der Nordsee etwa 25 000 Tonnen Nordseegarnelen gefangen, davon 10 000 Tonnen in Deutsch-land. Mancherorts werden heute noch Krabben mit Netzen gefischt, die Pferde durchs Priel ziehen. Das Fleisch ist mager mit einem sehr delikaten, süßlich-nussigen Geschmack. 100 Gramm Krabbenfleisch enthalten ca. 87 Kilokalorien, 18,6 Gramm Eiweiß, 1,44 Gramm Fett und 130 Milligramm Jod.

FRIEDRICHSKOOG

Alice' Restaurant

Alice' Restaurant
Am Hafen 4, 25718 Friedrichskoog
Telefon 0 48 54 / 2 17

Anfahrt
Vom ZOB Marne mit der Buslinie 2510 bis zur Haltestelle „Friedrichskoog Haiungs"

Öffnungszeiten
März bis Anfang November: täglich 10 bis 18 Uhr, bei schönem Wetter gerne auch länger

Mit dem (fast) gleichnamigen Song von Arlo Guthrie verbindet Inhaberin Alice Ritters-Stührk, dass beide 1967 das Licht der Welt erblickten. Schon damals hatten sich ihre Eltern mit dem „Fischhaus Stührk" am Friedrichskooger Hafen weit über Gemeinde- und Landesgrenzen hinaus einen Namen gemacht: War doch der Name Stührk der Inbegriff für hochwertige Fischkonserven und exquisite heimische Fischgerichte, serviert an einem der malerischsten Flecken Dithmarschens. Geändert hat sich daran bis heute nichts. Geblieben sind auch die Sonnenterrasse mit dem wunderschönen Ausblick auf den Fischereihafen, der sehr gemütliche Wintergarten für die kälteren Tage und der sieben Meter lange Tresen, der dem Kunden eine so opulente Palette an Frischfisch präsentiert, dass die Auswahl schwerfällt.

Unbestrittener Star unter den Fischbrötchen ist der Bismarckhering, der – unüblich zwar, aber sehr apart! – mit einer hausgemachten Remoulade serviert wird. Das Rezept dafür stammt noch von Mutter Stührk und enthält neben Sahne, Joghurt und Gurke eine feine Kräutermischung. Weiter im Angebot sind Matjes, Räucherlachs und Backfisch, um nur drei Sorten zu nennen. Und natürlich *Krabben:* Denn wer Friedrichskoog sagt, der muss auch *Krabben* sagen!

Hier strahlt die Nordseesonne mit Alice um die Wette

Eine stillgelegte Sortiermaschine für *Nordseegarnelen* im Anbau des Lokals erinnert an die Zeiten, als das Gebäude noch die behördliche Bezeichnung „Krabbenannahmestelle" trug und die Gegend mit frischen Krabben versorgte. Heute wird ein Großteil der Ware aus Büsum importiert. Denn vor Ort verschlickt der Hafen immer weiter, was den Krabbenfischern das Leben schwer macht.

Die Landesregierung will den Friedrichskooger Hafen schließen, das ständige Ausbaggern ist anscheinend zu teuer geworden. Nun ist ein touristischer „Erlebnishafen" geplant. Dann doch lieber baggern, alles andere ist Blödsinn und kostet auf Sicht genauso viel, meint zumindest der *Fischbrötchen Report*.

Robben gucken
Die Seehundstation Friedrichskoog zieht alljährlich etwa 100 bis 150 verletzte, kranke oder verlassene junge Robben groß. Von einem 17 Meter hohen Aussichtsturm aus kann man die ganze Anlage sowie das nahegelegene Watt überblicken. Zwei Ausstellungen informieren über das Leben von Seehunden, Kegelrobben und weiteren Robbenarten. Die Station befindet sich in fußläufiger Entfernung auf der anderen Seite des Hafens. Öffnungszeiten: März bis Oktober täglich von 9 bis 18 Uhr, November bis Februar 10 bis 16 Uhr. Fütterungen: täglich 12 und 16 Uhr (*An der Seeschleuse 4, Telefon 0 48 54 / 13 72, www.seehundstation-friedrichskoog.de*).

FRIEDRICHSKOOG

Urthel

Urthel – Krabben & Fischspezialitäten
Hafenstraße 71, 25718 Friedrichskoog
Telefon 0 48 54 / 2 91

Anfahrt
Vom ZOB Marne mit der Buslinie 2510 bis zur Haltestelle „Friedrichskoog Kirche"

Öffnungszeiten:
Ab Ostern bis Mitte September: täglich 9 bis 20.30 Uhr, sonntags ab 10 Uhr, montags Ruhetag. Im Winter nur bis 18.30 Uhr

Aus zwei Gründen sollte man das Restaurant „Urthel" bei einer Ortsbesichtigung unbedingt mit einplanen: Erstens verfügt der Betrieb über (man höre und staune) Schleswig-Holsteins einzige Krabbenschälmaschinen. Und zweitens wird bei Urthel selbst geräuchert, traditionell im Altonaer Ofen, der mit Buchen- und Erlenholz befeuert wird.

Getreu dem Grundsatz von Chefgastronom Alfred Urthel („Man kann alles räuchern!") kommt so gut wie jedes Meeresgetier in den Rauch, das Flossen und/oder Kiemen aufweisen kann. Derart veredelt, schmecken nicht nur *Makrele*, *Lachs* und *Heilbutt* ganz außergewöhnlich lecker, sondern passen auch wunderbar ins Brötchen, das von den Angestellten jeweils frisch aufgeschnitten und zubereitet wird. Wer dem Räucherfisch weniger zugetan ist, sollte sich an delikatem Matjes in Sherry, Bismarckhering oder fangfrischen *Krabben* versuchen.

Krabben sind „Das Thema" bei Urthel: Nicht nur durch seine Schälmaschine gilt Alfred Urthel auf diesem Gebiet als ausgewiesener Experte. Die Familie ist seit drei Generationen im Fisch- und Krabbenfanggeschäft unterwegs, der Bruder betreibt einen in Büsum beheimateten Krabbenkutter, die „Rugenort". Kunden können die

Kaum zu übersehen: das Krabben-Imperium der Familie Urthel

Garnelen entweder verzehrfertig bekommen – oder sie müssen sich selbst um das Zerlegen der Krebstierchen kümmern. Da dies erfahrungsgemäß nicht ganz einfach ist, bietet der Betrieb regelmäßig sogenannte Pul-Lehrgänge an. Alternativ sehen Sie auf den folgenden Seiten, wie man die Krabbe von ihrem Panzer befreit.

Sitzen kann man bei „Urthel" entweder im Restaurant (das von außen wie ein gewaltiger Schiffsbug anmutet) oder auf der Terrasse. Und noch ein Hinweis, der ökologisch bewusste Esser interessieren dürfte: Alfred Urthel ist Mitglied bei „Feinheimisch – Genuss aus Schleswig-Holstein e. V.", einem Netzwerk von Erzeugern und Gastronomen, das für heimische und hochwertige Lebensmittel ohne Zusatzstoffe steht. Guten Appetit!

Technikwunder

Wer noch nie eine Krabbenschälmaschine gesehen hat, sollte die Gelegenheit nutzen: Jeden Donnerstag um Punkt 16 Uhr präsentieren Urthel junior bzw. senior dem staunenden Publikum ein technisches Wunderwerk, das pro Stunde immerhin bis zu acht Kilo zartes Krabbenfleisch produzieren kann. Trotz der enormen Anschaffungskosten – ein Exemplar kostet etwa 80.000 Euro – hat sich Urthel inzwischen drei weitere dieser äußerst komplizierten Apparate zugelegt. „Gucken Sie zu, dann sehen Sie, wie es funktioniert!", sagt Urthel junior.

Selbstgepult schmeckt besser!

Wir versprechen hier mal ganz vollmundig: Krabben pulen kann jeder. Das Einzige, was Sie dazu brauchen, ist ein bisschen guter Wille und so was wie Fingerspitzengefühl. Und vielleicht noch zwei, drei Gleichgesinnte (Stichwort Teamwork), denn so ein kleiner Berg Krabben mag am Anfang so aussehen, als sei er alleine nicht zu schaffen.

Man kann das Krabben-Pulen erlernen wie Blockflöte spielen oder das Essen mit Stäbchen. Denn es gilt auch bei dieser Handarbeit: Hat man den Dreh erst einmal raus, wundert man sich über jeden, der das nicht hinbekommt. Profis schaffen etwa zehn Pfund in der Stunde; Sie sollten sich für den Anfang zwei oder drei Pfund kaufen, dass wird Sie schon schön beschäftigen. Gleichzeitig reicht diese Menge allemal, um aus Ihnen einen erfolgreichen Amateurpuler zu machen. Schauen Sie sich zunächst unsere Schritt-für-Schritt-Anleitung auf den folgenden Seiten an, damit sollten Sie auf jeden Fall starten können. Der Rest ist Übung.

Aus eigener Erfahrung geben wir Ihnen einen guten Tipp: Pulen Sie am Anfang nicht gegen die Stoppuhr – das wird sowieso nichts. Mit Ruhe und Geduld kommen Sie am weitesten. Und mit jedem gepulten Schalentier rückt Ihr Krabben-Imbiss näher – wenn Sie beim Pulen nicht allzu viel

Panzerglieder

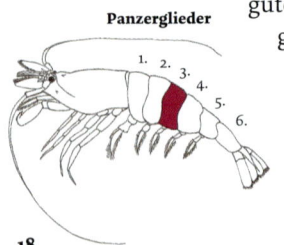

naschen. Lassen Sie sich das Krabbenfleisch zum Beispiel mit Rührei auf kräftigem Schwarzbrot schmecken, etwas Schnittlauch obendrauf – ein Festmahl! Auch lecker: eine fein pürierte, mit Krabben bestreute Kartoffelsuppe. Übrigens: Werfen Sie die Krabbenschalen nicht fort! Es lässt sich daraus ein schmackhafter Fond für Fischsuppen- und Soßen zubereiten.

Rezept für einen guten Krabbenfond

Schneiden Sie Wurzelgemüse wie Sellerie, Karotten, Fenchel und Zwiebeln in kleine Würfel (ca. ein Viertel des Gewichts der Krabbenschalen). Das Gemüse wird mit den Krabbenschalen in einem neutralen Öl und etwas Butter nicht zu scharf angebraten (Vorsicht: Bei zu scharfem Anbraten bilden sich unangenehme Bitterstoffe!). Löschen Sie das Ganze mit Weißwein und Gemüsebrühe ab und füllen Sie soviel Flüssigkeit auf, dass Krabbenschalen und Gemüse gut bedeckt sind. Zum Würzen wenig Salz, Pfeffer, Lorbeer und je nach Geschmack ein wenig Sternanis und Knoblauch dazugeben. Maximal 20 Minuten köcheln lassen und den fertigen Fond durch ein feines Sieb abseien.

Je nach geplanter Verwendung kann dieser Fond für Soßen reduziert werden oder auch zum Auffüllen von Fisch- und Schalentiersuppen verwendet werden. Als geschmackliche Ergänzung eignen sich Sahne, Tomaten, Noilly Prat und auch Pastis, wenn ein kräftiger Anisgeschmack gewünscht wird.

Wenn Sie von vornherein eine feine Soße planen, können Sie das Gemüse und die Krabbenschalen nach dem Anbraten auch mit einem Schuss Brandy ablöschen und flambieren. Das Aroma des Fonds wird dadurch intensiver.

So geht's – *Krabbenpulen Schritt für Schritt*

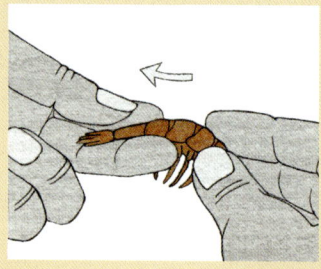

1
Die rechte Hand fasst mit drei Fingern die Krabbe auf dem **dritten Panzerglied**. Mit der linken Hand den Schwanz der Krabbe leicht strecken.

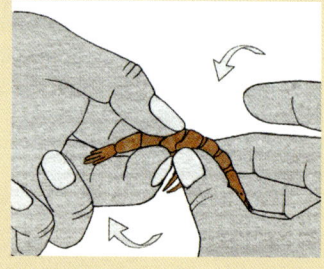

2
Drei Finger der linken Hand fassen nun die Krabbe auf dem **vierten Panzerglied**. Die Hände drehen sich gegeneinander um zirka 30 Grad einmal vor ...

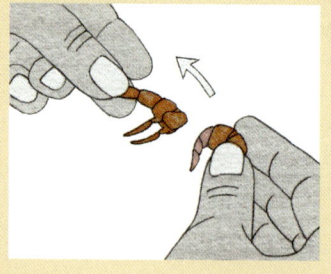

5
... den hinteren Teil des Panzers und ziehen ihn **vorwiegend am Schwanz** haltend ...

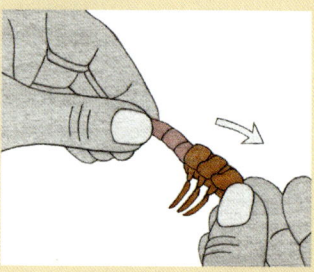

6
... vom Ende der Krabbe.

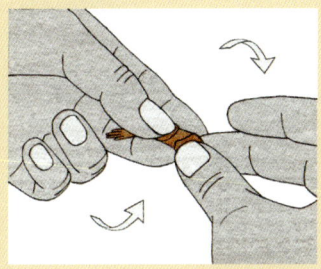

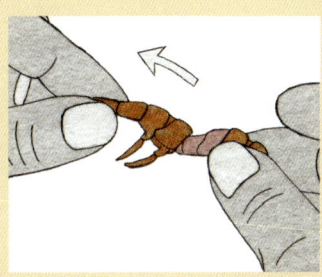

3
… und einmal zurück.

4
Die rechte Hand hält die Krabbe auf dem **dritten Panzerglied** fest. Die Finger der linken Hand drücken leicht auf …

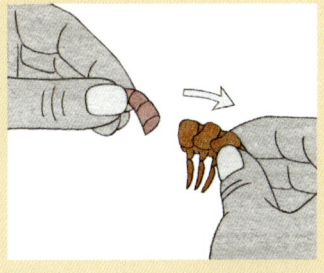

7
Die linke Hand hält das Krabbenfleisch fest, die Finger der rechten Hand **greifen den Kopf**. Kurz zupfen, und die Krabbe ist gepult.

BÜSUM

Hafenpick

Hafenpick
Am Hafen 2, 25761 Büsum
Telefon 01 51 / 46 54 14 91

Anfahrt
Vom Bahnhof Büsum zu Fuß Richtung Hafen

Öffnungszeiten
Mitte März bis Anfang November: täglich von 11 bis 17 Uhr, im Sommer je
nach Bedarf und Wetterlage ab 10 Uhr und abends gerne auch länger

Zentraler geht es kaum: Das „Hafenpick" liegt mitten in der Büsumer Fußgängerzone und nur einen Steinwurf weit entfernt vom Deich. Sobald es etwas wärmer geworden ist, öffnet Büsums wahrscheinlich kleinste und ganz sicher netteste Fischbrötchenbude ihre Ladenfront nach draußen – denn schließlich sollen die Gäste am quirligen Leben draußen vor der Tür teilhaben dürfen.

Unumstrittener König auf der Hafenpickschen Speisekarte ist das Backfisch-Brötchen, dessen Belag frisch frittiert und mit extradünner Panade hergestellt wird – denn nur so schmeckt es richtig nach Fisch! Insgesamt sieben Brötchenvarianten stehen zur Wahl: Die Lachssemmel gibt es wahlweise mit Meerrettich oder mit aparter Honig-Senf-Marinade, das Matjesfilet wird auf Kundenwunsch mit fein geschnittenen Zwiebelringen belegt.

Büsum ist bekannt für seine *Krabben* – deshalb darf das Krabbenbrötchen natürlich nicht fehlen. Angeliefert wird die fangfrische Garnele vom Kutter gleich um die Ecke, die aufwendige, aber lohnende Pularbeit übernimmt ein Betrieb vor Ort. Wer mehr als nur Fischbrötchenappetit mitbringt, der sollte unbedingt einen Teller Fischsuppe probieren. Die leckere Suppe wurde von den Büsumern bereits inoffiziell zur besten ihrer Art in Deutschland gekürt.

Die Franzens freuen sich: zentrale Lage und gegenüber ein Krabben-Hotspot

Erst kürzlich haben das junge Betreiberehepaar Dörte und Sebastian Franz das „Hafenpick" komplett renoviert und mit schicken Möbeln im Treibholzlook eingerichtet: Von seinem erhöhten Sitzplatz aus hat der Gast einen prima Blick in die Küche und kann dem Team beim Brötchenbelegen und Fische-Braten auf die Finger gucken. Als echter Hingucker präsentiert sich die Tapete, die mit viel Liebe zum Detail aus alten Seekarten zusammengefügt wurde.

Von außen ist das „Hafenpick" eher klein und unscheinbar und kann leicht übersehen werden: Achten Sie auf den Krabbenstand gegenüber! Man wird kaum einen Einheimischen finden, der das sympathische, inhabergeführte Lokal nicht kennt. Aus gutem Grund: „Vom Chef persönlich bedient zu werden, das gibt es nur bei uns", sagt Sebastian Franz.

Barfuß im Matsch

Herrlich, dieses Gefühl von weichem Schlamm unter den nackten Fußsohlen! Wer schon mal in Büsum ist, sollte unbedingt eine geführte Wattwanderung mitmachen. Auf den zum Teil mehrstündigen Touren lernen die Teilnehmer Wattwurm, Seestern & Co. in ihrem natürlichen Lebensraum kennen. Im Sommer gerne barfuß – im Frühjahr und Herbst empfiehlt sich hingegen (wasser-)festes Schuhwerk. Nächstgelegener Treffpunkt ist der Eingang zum Schwimmbad „Piraten Meer" gegenüber dem „Hafenpick" (*www.buesum.de/echt-buesum/ kultur-und-sehenswertes/fuehrun- gen/wattfuehrungen.html*).

BÜSUM

Fischgeschäft Möller

Fischgeschäft Möller
Am Fischereihafen 10 (Eingang Werftstraße), 25761 Büsum
Telefon 0 48 34 / 93 80 80

Anfahrt
Vom Bahnhof Büsum zu Fuß Richtung Hafen

Öffnungszeiten
Täglich 8 bis 18 Uhr
Anfang Juli bis Ende September: bis mindestens 20 Uhr

Einer der besten und – bei entsprechendem Wetter – sonnigsten Sitzplätze Büsums befindet sich ein paar Meter abseits des touristischen Zentrums am Ende des Hafenbeckens II: An die 100 Gäste kann die Außenterrasse des alteingesessenen „Fischgeschäfts Möller" aufnehmen. Dort wartet eine Anzahl gemütlicher Strandkörbe darauf, in Beschlag genommen zu werden.

Mit seinem üppigen Angebot an Frisch- und Räucherfisch darf sich das „Fischgeschäft Möller" mit Fug und Recht als Büsums Fischexperte Nummer eins bezeichnen. Kunden tun gut daran, sich im Vorfeld zu überlegen, worauf sie Appetit haben – ansonsten besteht

die Gefahr, mit weitaus mehr Einkäufen die Heimweg anzutreten als vorgesehen. Da warten fangfrischer *Kabeljau, Heilbutt* und *Steinbeißer* auf Abnehmer, flankiert von geräuchertem *Aal*, selbstgemachtem Fisch- und Krabbenfrikadellen sowie einer Vielzahl von Salaten. Und natürlich Fischbrötchen, erhältlich in gut und gerne 20 Variationen. Als Füllung empfiehlt sich in erster Linie alles, was aus hauseigener Produktion stammt, darüber hinaus *Scampi, Tunfisch* und Dorschrogen.

Wichtig: Auch wenn die Ware bereits fertig belegt in der Vitrine liegt, sollte man sich keine Sorgen um deren Frische machen. Denn Möllers Brötchen haben keine lange Liegezeit!

Hau rein, is' Tango! Für Nachschub ist gesorgt!

Der Startschuss für das Fischgeschäft fiel im Jahr 1984 mit der Eröffnung eines nur drei mal drei Meter großen Fischbüdchens auf der Hafeninsel, unweit des derzeitigen Standorts. Später wurde ein Räucherofen angebaut.

Noch heute benutzt der Betrieb zum Räuchern einen Altonaer Ofen, in dem der Fisch über Buchenholzrauch veredelt wird. „Unser Geheimnis lautet: einfache, natürliche Rezepte", sagt Geschäftsführer Christian Freitag. Will heißen: keine gekaufte Fertigware und schon gar keine Konservierungsstoffe. „Lieber teuer als billig", findet er. „Uns und dem Kunden zuliebe."

Fangfahrt

Krabben mal selber fangen? Kein Problem: Bis zu fünfmal täglich sticht der Kutter „Hauke" von Büsum aus in See. Noch an Bord werden die Garnelen – die der Dithmarscher auch gerne als „Kraut" bezeichnet – gekocht, ausgepult und warm gegessen. Und da beim Krabbenfischen regelmäßig auch Fische, Krebse und Seesterne ins Netz gehen, dienen diese praktischerweise gleich als biologisches Anschauungsmaterial. Zu dem Zweck gibt es an Bord ein kleines Meerwasserbassin. Abfahrtsort ist der Fischerkai am Hafenbecken II. Törndauer: knapp zwei Stunden (*www.rahder.de*).

EIDERSTEDT

Aussichtspavillon

Aussichtspavillon
Am Eidersperrwerk, 25764 Wesselburenerkoog
Telefon 0 48 33 / 25 87

Öffnungszeiten
März und April: 9 bis ca. 19.00 Uhr
Mai und Juni: 9 bis ca. 19.30 Uhr
Juli und August: 9 bis ca. 20.00 Uhr
September und Oktober: 9 bis ca.18.30 Uhr

So gut wie jeder hat schon mal was von der Akropolis in Athen gehört, hat womöglich den Eiffelturm besucht oder war am Kolosseum in Rom. Alle diese Sehenswürdigkeiten und Plätze haben etwas gemeinsam: Vor Ort gibt es das schlechteste Souflaki des Landes, den labbrigsten Café au lait ganz Frankreichs, von der verbranntesten Pizza Italiens ganz zu schweigen. Zudem liegen die Preise der jeweiligen Spezialität weit über dem Landesdurchschnitt.

Der „Aussichtspavillon" am Eidersperrwerk macht da eine Ausnahme. Zugegeben: In der Liga der bekanntesten Bauwerke der europäischen Historie spielt dieser monumentale Sturmflutschutzwall nicht, aber hier gibt es Fischbröt-

chen, deren Qualität den landesweiten Vergleich nicht zu scheuen brauchen.

Kurz bevor Sie Dithmarschen verlassen und über die Brücke (per Fahrrad) oder durch den Tunnel (mit dem Auto) Nordfriesland entern, gibt es diesen ganz großen Parkplatz an der L 305 Richtung Norden; diesen ganz großen Parkplatz steuern Sie bitte an. Spätestens, wenn Sie eine Parkbucht gefunden haben, verfluchen Sie diesen Fischbrötchen-Tipp. Speziell bei Ausflugswetter und entsprechendem Reisebusaufkommen kann es schon mal eng werden im Laden.

Nun sollte man meinen, dass sich das Getümmel auf die Qualität der Fischbrötchen und die Laune

Halten Sie Ihren Hut gut fest, fast immer pfeift der Wind übers Sperrwerk

der Mitarbeiterinnen auswirkt, aber weit gefehlt: Wenn Sie sich in der Warteschlange bis an den Verkaufstresen herangearbeitet haben, werden Sie von freundlichen Gesichtern und feinster, frisch belegter Fischbrötchenware empfangen.

Nachdem Sie sich mit dem knusprigen und noch warmen Fischbrötchen einen Weg nach draußen gebahnt haben, sollten Sie sich mal Zeit zum Umschauen nehmen. Entweder erklimmen Sie den Aussichtspunkt auf dem Eidersperrwerk oder setzen sich an einen der Tische, die rund um den Pavillon stehen. Je nach Blickrichtung vergessen Sie dann den ganzen Rummel und Trubel um sich herum, und sagen sich: „Warum in die Ferne schweifen…"

Naturnah

Besuchen sie das Katinger Watt an der Mündung der Eider. Die 1500 Hektar große, von Menschenhand geschaffene Landschaft bietet besondere Erlebnisse für Naturfreunde. Hier führt der NABU das „Naturzentrum Katinger Watt". Mit zahlreichen Veranstaltungen, Führungen und dem Lina-Hähnle-Haus ist dies ein absolutes Highlight, nicht nur für Kinder. Nähere Informationen finden Sie unter *www.schleswig-holstein.nabu.de* (hier erst „Natur & Landschaft" und dann „Naturinfozentren" anklicken).

Gute Krabbe, teure Krabbe

Die Krabben, die vor den Nordseeküsten der Nieder-
lande, Deutschlands und Dänemarks gefangen werden,
gehen teils auf weite Reisen, bevor sie bei uns auf dem
Teller landen. Warum aber sind ausgerechnet diejenigen
am teuersten, die aus dem deutschen Küstengewässer
auf möglichst kurzem Weg frisch zum Verzehr kommen?
Dieser Frage ist unser Autor *Olaf Preuß* nachgegangen.

Der wirtschaftliche Weg der Krabbe steckt voller Widersprüche. Der Markt ist umkämpft, vor allem die kleinen Anbieter stehen unter Druck. „Reelle Preise für Krabben kann man am deutschen Markt praktisch gar nicht erzielen", sagt der Fisch-Feinkosthändler Henning Plotz aus Glückstadt an der Elbe. „Vor allem an der Küste herrscht Geiz-ist-Geil-Mentalität – da wollen die einheimischen Kunden für Krabben nicht viel bezahlen. Je weiter im Inland ich die Ware anbiete, desto bessere Preise kann ich erzielen." Unter anderem beliefert Plotz die Ratskeller in Hamburg und München mit frischen Krabben. Mitunter subventioniere er die Ware, die er in seiner Heimatregion verkauft, durch die Erträge aus dem bundesweiten Handel.

Die Krabbe gibt es in der gesamten Bandbreite vom industriell aufgearbeiteten Massenprodukt bis zum sorgfältig verarbeiteten Edelhäppchen. 38 Euro je Kilo Krabbenfleisch müsse er erzielen, um zumindest einen kleinen Gewinn einzustreichen, sagt Plotz. Er lässt die frisch gefangenen und schon auf dem Kutter gekochten Krabben in Glückstadt anlanden und dort direkt pulen. „Der neu eingeführte Mindestlohn in Deutschland ist dabei natürlich nicht hilfreich", sagt er. 700 bis 800 Gramm Krabbenfleisch in der Stunde könne ein Puler erarbeiten. Ein frisches Krabbenbrötchen verkauft der Gastronom für 4,80 bis 5 Euro, ein Rührei mit 120 Gramm Krabben und Schwarzbrot für 10 bis 11 Euro. „Alles hängt davon ab, dass die Kunden bereit sind, einen angemessenen Preis für qualitativ hochwertige, frische Krabben zu zahlen."

Frische Nordseekrabben
auf dem Weg zum End-
verbraucher auf Pellworm

Plotz ist einer derjenigen Anbieter, die sich mit Kreativität und Unternehmergeist gegen die Industrialisierung der Krabbe wehren. Vor allem niederländische Großhändler und Verarbeiter wie Heiploeg und Klaas Puul dominieren das Geschäft in Nordeuropa. Jahrelang drückten sie die Preise der Krabbenfischer. 2011 streikten diese an den Nordseeküsten, in Norddeutschland schlossen sie sich später zu Erzeugergemeinschaften zusammen. Speziell für die deutschen Krabbenfänger aber bleibt die Lage schwierig. So gelten für den Krabbenfang, anders als in der Fischerei, keine Quoten; zudem betreiben die Niederländer und Dänen stärkere Kutter und modernere Flotten als ihre deutschen Konkurrenten.

Die Großhändler kaufen den Großteil des Fangs auf und separieren ihn. Die so genannte „A-Qualität" geht in die Feinkost-Gastronomie, etwa nach Frankreich. B-Ware wird per Luftfracht zum Pulen nach Marokko geschickt, C-Ware nach China. Gepult per Hand von zahlreichen Arbeiterinnen und Arbeitern zu Niedrigstlöhnen, gelangen die Krabben von dort als Massenware etwa bei den Handelsketten schon nach kurzer Zeit in Umlauf.

*

Frische Nordseekrabben sind also im Prinzip genau da ein exotisches Produkt, wo sie gefangen werden. Auch der Feinkosthändler und Gastronom Alfred Urthel in Friedrichskoog am Wattenmeer von Schleswig-Holstein wirbt mit der Exklusivität des Lebensmittels. „Frische Nordseekrabben aus unserem Wattenmeer sind ein hoch kompliziertes Produkt, nichts für den Massenmarkt", sagt er. „Was das wert ist, versuche ich Kunden zum Beispiel bei Verkostungen zu zeigen, bei denen wir unser Produkt mit Massenware vergleichen." Urthels Strategie ist es, entlang der gesamten Wertschöpfungskette zu arbeiten und am Ende einen möglichst hohen Preis zu realisieren.

Wer öfter Richtung Büsum unterwegs ist, kennt diese Trucks

Vom Kutter seines eigenen Bruders und von zwei anderen Fischern bekommt er die Rohware. „Den Preis für die Ware kann ich nicht beeinflussen, denn auch mein Bruder muss ja seine Kosten, etwa für den Schiffsdiesel, decken. Aber bei Fischern, mit denen ich lange zusammenarbeite, kenne ich die Qualität der Krabben und auch die Art, wie sie an Bord gekocht werden, genau." Um wirtschaftlich arbeiten zu können, setzt Urthel auf vier Krabbenschälmaschinen – einzigartig in der Region. „Wir setzen solche Maschinen seit Anfang der 90er Jahre ein. Manche haben versucht, das nachzumachen und gaben wieder auf. Es dauert mindestens ein Jahr, bis man selbst gelernt hat, mit der Technologie umzugehen. Und dann muss man seine Mitarbeiter schulen."

Bis zu 20 Tonnen Krabbenfleisch produziert Urthel im Jahr. „Wir schälen streng nach Nachfrage", sagt er. Verkauft wird an Sternerestaurants, auf Wochenmärkten und im eigenen Restaurant. Hohe Qualität und entsprechende Preise sind aus seiner Sicht die einzige Chance, am hart umkämpften Markt zu bestehen: „Mit den Dumpingpreisen der Großen kann ich nicht mithalten – ich habe je Kilo Krabbenfleisch einen um 5 Euro höheren Herstellungspreis als ein niederländischer Großhändler."

Regionale Initiativen, unterstützt auch von der Landeswirtschaftskammer Niedersachsen, wollen die Herstellung und Vermarktung an der deutschen Nordseeküste stärken – durch eine engere Verbindung von Krabbenfischern, regionalen Verarbeitern und Händlern. Das allerdings, meint Henning Plotz, werde vor Ort nur funktionieren, „wenn die Kunden ein frisches regionales Produkt am Ende auch über den Preis wertschätzen".

An einem leckeren Fischbrötchen führt kein Weg vorbei.

An einem Mercedes-Benz von
Nord-Ostsee Automobile auch nicht.

Mercedes-Benz
Das Beste oder nichts.

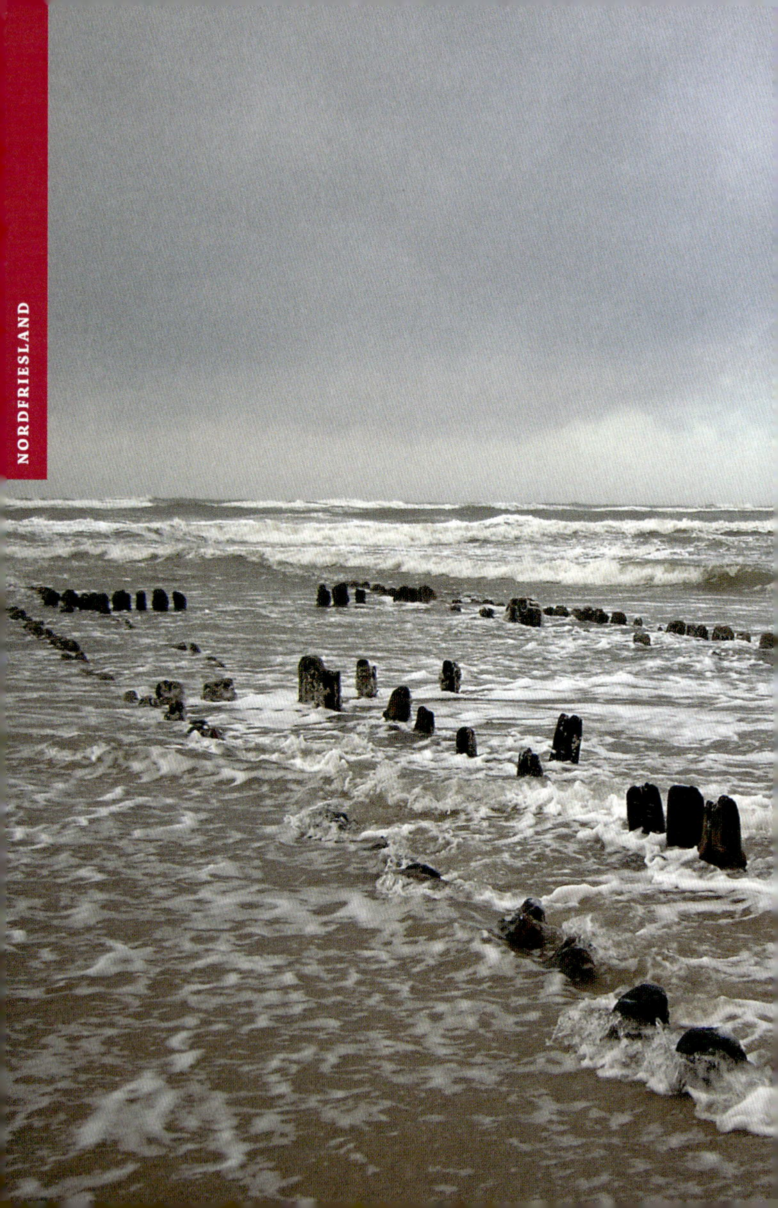

NORDFRIESLAND

Alle, die in Erdkunde aufgepasst haben, stoßen in diesem Kapitel auf eine kleine Schummelei: Helgoland gehört nicht zu Nordfriesland, schon klar. Und doch wollen wir von Büsum aus einmal kurz rüberschippern, um dort die älteste **Fischbrötchen-Manufaktur** der Hochseeinsel zu besuchen. Zurück auf dem Festland steuern wir den **historischen Hafen** von Tönning an: Die „Alte Fischerei-genossenschaft" dort ist berühmt für ihren **Matjes**, der ja bekanntlich prima zwischen zwei Brötchenhälften passt. Weiter geht's über Amrum und Föhr nach Sylt – hat da jemand „Gosch" gesagt? Wir entführen Sie erst einmal **hinter die Dünen** am Hörnumer Weststrand und nach Rantum, bevor wir dann doch bei Jürgen „Jünne" Gosch landen – ob in Westerland, Wenningstedt oder List: Aussichten vom Feinsten

8

TÖNNING

Alte Fischereigenossenschaft

Alte Fischereigenossenschaft
Eiderdeich 12, 25832 Tönning
Telefon 0 48 61 / 9 61 60

Anfahrt
Vom Bahnhof Tönning zu Fuß erreichbar

Öffnungszeiten
März bis Ende Oktober: Mo bis Fr 8 bis 18 Uhr, Sa 8 bis 13 Uhr
November bis Ende Februar: Mo bis Sa 8 bis 12.30 Uhr, nachmittags variabel

Direkt am Binnenhafen von Tönning finden Sie die „Alte Fischereigenossenschaft", ein von außen betrachtet unspektakuläres, schlichtes Gebäude; allein die gelb gestrichene Fassade sorgt für etwas Aufmerksamkeit. Neben der Eingangstür rechts ein Schild: „Verkauf von Krabben & Fisch", links eine mannshohe Krabbenskulptur – das war's. Man kann diesen Auftritt als Ausdruck jener Reserviertheit deuten, die den Norddeutschen so gerne nachgesagt wird, und damit liegt man auch gar nicht so falsch: Die Menschen, die hier arbeiten und seit Jahrzehnten tagtäglich allerfeinste Qualitätsprodukte herstellen, vor Ort verkaufen und auch in viele Gegenden Schleswig-Hol-

stein ausliefern, haben Marketing-Tamtam nun wirklich nicht mehr nötig. Der Ruf der „Alten Fischereigenossenschaft" ist hervorragend; heiß begehrt ist vor allem der Matjes, mit dem sich der Betrieb einen Namen gemacht hat.

Fischliebhaber betreten ein Paradies – auf Eis liegen beieinander: *Lachsforelle, Seelachs, Kabeljau, Steinbeißer, Makrele* oder *Heilbutt* und so weiter, dazu gibt es jede Variante von Räucherfisch und ungezählte Salate. Muss man die „Alte Fischereigenossenschaft" jetzt noch zusätzlich den Fischbrötchen-Fans empfehlen? Wir meinen ja, denn hier vor dem Verkaufstresen sind alle gleich. Auch der Stammkunde, der den obligatorischen

Die „Alte Fischereigenossenschaft" liefert seit Jahrzehnten Spitzenqualität

Fisch-Großeinkauf tätigen möchte, muss warten, wenn vor ihm ein einzelnes Fischbrötchen bestellt wird. Wer sich nicht ganz schlüssig ist, bekommt ein kleines Beratungsgespräch, und erst dann wird das Brötchen frisch belegt – ein wirklich toller Service für die „kleinen" Kunden. Wir sagen also: Fahren Sie hin, verspeisen Sie Ihre Zwischenmahlzeit im gepflegten Imbiss oder bummeln Sie mampfend durch den historischen Hafen, der gleich vor der Tür liegt. ◀━

Wale, Watt und Wogen

Der Nationalpark Wattenmeer in Schleswig-Holstein feiert 2015 sein 30-jähriges Bestehen; Grund genug, das Multimar Wattforum in Tönning, Dithmarscher Str. 6a, zu besuchen. Dort erwartet Sie – neben zahlreichen Aquarien – die Erlebnisausstellung zu „Wale, Watt und Weltkulturerbe". Der Star des Museums ist das 17,5 Meter lange Pottwalskelett aus Originalknochen; neuerdings kann man zusätzlich das Skelett eines Zwergwals mit überschaubaren sechs Meter Länge bestaunen. Täglich um 12.30 Uhr heißt es „Mittag für die Fische". Bei der Fütterung kommen dann auch Raubfische aus ihren Verstecken, die sich sonst nur nachts sehen lassen, wenn das Multimar Wattforum geschlossen hat. Spannend auch: das Brandungsbecken, in dem man beobachten kann, wie sich die Meeresbewohner bei Wellengang verhalten. Öffnungszeiten: zwischen 1. April und 31. Oktober täglich 9 bis 18 Uhr (*www.multimar.de*).

Aal

*

„Wer den *Aal* hält bei dem Schwanz, hat ihn weder halb noch ganz." Was immer dieses Sprichwort bedeuten soll – es ist auf jeden Fall ein weiteres Rätsel im an Rätseln schon sehr reichen Leben des Europäischen *Aals (Anguilla anguilla)*. Mittlerweile weiß man immerhin, dass die „heimlichen Schleicher" bei Geschlechtsreife aus dem Süßwasser in die 7000 Kilometer entfernte Sargassosee nahe den Bermudas wandern, dort ablaichen und sterben. Schon als Larve beginnen die Aale eine beschwerliche und lange Reise zurück ins Süßwasser. Auch wenn der Aal in vielen stehenden und fließenden Gewässern vorkommt und in fast jedem Fischladen angeboten wird, so sind seine Bestände zuletzt rapide eingebrochen – gerade wegen des übermäßigen Fangs von jungen Aalen, den sogenannten Glasaalen. Die im Jahr 2007 verabschiedete EU-Aalschutzverordnung soll dabei helfen, dass sich die Bestände mittelfristig wieder erholen und stabilisieren. So stammen die meisten der bei uns angebotenen Aale mittlerweile aus Aquakulturen. Denn der Aal gehört gerade geräuchert immer noch zu den Delikatessen unter den Fischen, sein fettreiches, aber gesundes Fleisch enthält besonders viel Eiweiß und Vitamin A.

9

VOLLERWIEK

Imbiss Vollerwiek

Imbiss Vollerwiek
Süderdeich, 25836 Vollerwiek

Anfahrt
Vom Bahnhof Tönning mit dem Bus 1076 bis Haltestelle „Vollerwiek Pauls"

Öffnungszeiten
Eine Woche vor Ostern bis Mitte Oktober: täglich 10 bis 21 Uhr

Was macht ein richtig gutes Fisch-brötchen aus? Im Prinzip ist es ganz einfach: Die Semmel sollte schön knackig sein und frisch aufgeschnitten werden. Weiterhin freut sich der Gast, wenn der Fisch vor Ort zubereitet und mit einer appetitlichen Remoulade serviert wird, im Idealfall hausgemacht. Sitzt man dann auch noch bequem und hat womöglich noch Aussicht aufs Wasser, kann der Tag eigentlich nicht mehr besser werden.

Der „Imbiss Vollerwiek" ist so ein entzückender kleiner Ort, an dem so gut wie alles zu passen scheint: leckere Brötchen, endlos viele Fischsorten zur Wahl, und zum Schluss kann man seine Mahlzeit mit nach draußen nehmen und unter schattenspendenden Bäumen im Biergarten genießen. Okay, der

Blick auf die Nordsee ist zunächst mal durch den Deich verstellt. Allerdings braucht, wer darauf nicht verzichten möchte, nur ein paar Meter zu laufen.

Feinschmecker schauen in Vollerwiek gleich am frühen Mittag vorbei, an besten kurz nachdem der Laden seine Türen geöffnet hat. Denn dann gibt's den frisch geräucherten *Lachs*, den *Heilbutt* oder die *Forelle* noch warm aufs Brötchen. Täglich vor Betriebsbeginn werfen die Wirtsleute Sylvia und Gerd Honnens ihren Ofen an, um ihn mit frisch gefangenen Meeresgetier zu bestücken.

Ebenso in geräucherter Form erhältlich sind unter anderem *Aal*, *Makrele* und *Bückling*. Wem die Fischbrötchen-Standardversion besser schmeckt, der kann natür-

Bei Bilderbuchwetter ist es in Vollerwiek besonders kuschelig

Pack die Badehose ein!

Gleich hinterm Deich befindet sich eine offizielle, in der Saison von der DLRG überwachte Badestelle mit Strand – oder das, was die Friesen offensichtlich unter Strand verstehen: ein breiter Grünstreifen, in diesem Fall sogar mit Hanglage in Richtung Südwesten, also bestens geeignet für passionierte Sonnenanbeter. Die Strandkörbe dort werden von der Imbiss-Crew vermietet. Lassen Sie sich auch einen Tidekalender geben, in dem die aktuell günstigsten Badezeiten verzeichnet sind.

lich auch *Krabben*, Matjes- oder Bismarckhering draufbekommen. Und sollte der Magen immer noch knurren: Bitte mal die Kutterscholle mit Salat und Bratkartoffeln probieren – es lohnt sich. Denn im Grunde ist Vollerwiek doch viel mehr Restaurant als nur ein Imbiss.

Ps.: Vollerwiek liegt etwa auf einem Drittel der Strecke zwischen dem Eidersperrwerk und St. Peter-Ording. Aufgrund des geringen Autoverkehrs eignet sich die Gegend hervorragend für einen Fahrradausflug: Folgen Sie einfach der kleinen, gut ausgeschilderten Straße, die am Ufer entlangführt. 🐟

ST. PETER-ORDING/BAD

Fisch & Mee(h)r

Fisch und Mee(h)r
Im Bad 38, 25826 Sankt Peter-Ording
Telefon 01 71 / 357 67 57

Anfahrt
Vom Bahnhof Bad St. Peter-Ording zu Fuß erreichbar

Öffnungszeiten
März bis Mai: täglich 11.30 bis 19 Uhr
Mai bis Ende Oktober: 11.30 bis 20 Uhr

„Die Küche war immer gut, nur die Optik war wie vor dreißig Jahren. Deshalb haben wir total renoviert." Susanne und Rudi Schwerin schmeißen das „Fisch & Mee(h)r" seit Anfang 2014. Und das soll, lieber Gast, Ihr Schade nicht sein: Gucken Sie sich das neue, modernisierte Fisch-Bistro in der Westküstenmetropole einfach mal an – ob mit Kind oder Hund, ob mit Sand in den Flipflops – hier ist jeder willkommen. Die helle, freundliche Einrichtung, die Windlichter im Treibholz, das warme Licht hinter großen Fensterscheiben, die hölzernen Fische, die Kissen und die Decken sorgen für Gemütlichkeit.

Hier soll man ein Weilchen bleiben. Und: Hier schmeckt es. „Ein Gast meinte einmal zu mir: Warum schmeckt bei Ihnen der Matjes und bei den anderen nicht?" Susanne Schwerin weiß, warum: „Weil man das Produkt liebt und deshalb nach dem besten Lieferanten sucht!" Seit 40 Jahren arbeitet sie in der Gastronomie, seit 30 Jahren verkauft sie Fischbrötchen. Außerdem: Das knusprige Brötchen ist immer frisch belegt, der Matjes mild und zart, jede der Saucen, mit denen Ihr Lieblingsfischbrötchen geadelt wird, hausgemacht.

Hier entscheidet der Gast, wie sein Brötchen belegt werden soll – mit viel oder wenig Zwiebeln, mit Gurke, ohne Gurke, mit Remoulade und wenn ja, mit welcher. Ganz individuell. „Kundenwünsche?

**Nicht weit weg vom Strand:
der Boxenstopp für Sportler von
Susanne und Rudi Schwerin**

Jederzeit möglich, wir versuchen alles." Und die Saucen sind wirklich allererste Sahne: Den Räucherlachs bekommt man mit einer leichten, frischen Remoulade, die man am liebsten löffeln will, so gut schmeckt sie. „Vieles geht über die Saucen", bestätigt Susanne.

Aber auch der Fisch wird genauestens ausgewählt: „Ich gucke und probiere vorher immer ausführlich und bleibe dann bei der Ware. Der Bismarckhering kommt bei mir zum Beispiel aus Hamburg." Sehr schön sind die länglichen Brötchen. Nie beißen Sie hier nur in Fisch oder nur in Brötchen. Wo der Fisch, da auch das Brot, „und zwar auf der ganzen Strecke", betont Susanne. Ihr guter Tipp zum Abschied, gültig für jedermann: „Jeden Tag ein Fischbrötchen und du bleibst gesund."

Sport-Events
Regelmäßige Besucher von St. Peter-Ording (vor allem die Freizeitsportler unter ihnen) wissen ganz genau, warum sie diesen Küstenort ansteuern: Der Strand von St. Peter-Ording ist gigantisch. Da ist reichlich Platz zum Austoben und für Großveranstaltungen wie zum Beispiel die Regatten der Strandsegler und Kitebuggyfahrer. Vielleicht ist auch dies für Sie interessant: Jährlich finden hier das Drachenfestival und die WM der Kitesurfer statt. Termine unter: *www.st-peter-ording.de/veranstaltungshighlights.html*

FRIEDRICHSTADT

Fischfachgeschäft Zeeden

Fischfachgeschäft Zeeden
Westermarktstraße 11, 25840 Friedrichstadt
Telefon 0 48 81 / 79 56

Anfahrt
Vom Bahnhof Friedrichstadt mit der Buslinie 1512 bis Haltestelle
„Am Deich", den Rest zu Fuß

Öffnungszeiten
Im Sommer: täglich 8 bis 18 Uhr, Sa 8 bis 17 Uhr, So 11 bis 17.30 Uhr
Von Oktober bis Ostern: täglich 8 bis 12 Uhr und 14 bis 18 Uhr (Mi und Sa
nachmittags geschlossen)

Der kleine Laden von Familie Zeeden im historisch-malerischen Friedrichsstadt ist nicht nur ein Fischgeschäft, es ist ein Fischfachgeschäft. „Immer an dieser Stelle. Und das seit ungefähr 65 Jahren", schätzt Carmen Zeeden. Was sie genau weiß: „Seit dreißig Jahren haben meine Schwiegereltern den Laden und die Räucherei nun schon."

Unzählige Stammkunden aus alten Zeiten halten Anke und Peter Zeeden bis heute die Treue. Die Zeedens verschicken ihre duftende Ware, das Gold aus Meer und See, ohne Probleme in Päckchen sogar „bis nach Minden runter" (natürlich vakuumverpackt! *Anm. der Redaktion*). Die vielen Touristen, die durch Friedrichstadt schlendern, sparen sich natürlich die Versandkosten an ihren Heimatort: Vom großen Marktplatz aus spaziert man nur einmal um die Ecke, gerade mal fünfzig, sechzig Meter weit auf die blau-weiße Markise und das Fischbrötchen-Fähnchen zu. Auf dem Weg können Sie die Häuser der fantastisch erhaltenen Backsteinrenaissance-Stadt betrachten, die nicht nur wegen ihrer Grachten als „Holländerstädtchen" bezeichnet wird – hier lebten nach der Gründung der Stadt im Jahr 1621 sehr viele niederländische Bürger.

Dieser Fischbrötchentipp liegt ein wenig versteckt, das Suchen lohnt sich aber

Das „Fischfachgeschäft Zeeden" kommt unaffektiert und ehrlich daher, das Angebot ist jedoch umfangreich. Die Auslagen bieten vieles an Frischfisch und, ganz klar, Geräuchertem aus den eigenen Öfen. Als da sind *Lachs, Aal, Schillerlocken, Makrelen, Heilbutt* und vieles mehr, appetitlich, verlockend. Es gibt *Krabben* in Aspik und selbst gemachte Salate mit Hering, Aal und Muscheln. „Das ist schnell gemacht und hält sich länger."

Tipp von Carmen Zeeden: „Ein schönes Stück Schwarz- oder Feinbrot mit unserem Nordfrieslandtopf." Schnell gemacht und immer frisch sind natürlich auch die Fischbrötchen. Die kann man in aller Ruhe im Stehen am Bistrotisch essen, sich damit auf die Bank vor dem Schaufenster setzen oder ein Fischbrötchen zum Mitnehmen daraus machen. Kann gut sein, dass

Sie die gesunde Energiereserve benötigen werden, denn in Friedrichstadt kann man sich viel anschauen und unternehmen.

Grachten betrachten

Ob mit oder ohne „To go"-Fischbrötchen – eine entschleunigte Schiffstour durch die Grachten und auf der Treene, bei der man viel sieht und auch was lernen kann, ist in Friedrichstadt ein Muss. Besonders schön ist auch die Do-it-yourself-Variante im modernen Elektroboot oder per Muskelkraft im Tret- oder Ruderboot, Kanu oder Kajak (*www.grachtenfahrt.de, www.kanu-kunterbunt.de* oder *www.grachtenschiffahrt.de*).

HUSUM

Fischhaus Loof

Fischhaus Loof
Kleikuhle 7, 25831 Husum
Telefon 0 48 41/20 34

Anfahrt
Vom ZOB Husum mit der Buslinie 1054 bis zur Haltestelle „Husum Hafen"

Öffnungszeiten
Auf ist, wenn auf ist, und zu ist, wenn zu ist
Sicher ist: täglich ab 8 Uhr, sonntags ab 10 Uhr

Eines der wohl besten und üppigsten Angebote rund um den Fisch in Nordfriesland findet man in Husum, im „Fischhaus Loof". Fast direkt am Wasser, bei der Einfahrt zum alten Hafen gelegen steht das 2014 modernisierte, in dezentem Grau gestrichene Gebäude.

Bei „Loof" geht es zu wie in einem Taubenschlag, hier ist richtig was los. Ist es draußen kalt, regnerisch oder beides zugleich, sitzen die Menschen drinnen gemütlich an den Tischen und versorgen sich an einer von drei Stationen, die „Essbar", Kochbar" und „Fischbar" heißen. Fischsuppe, gebratenen Spezialitäten und andere Fischgerichte bekommt man bei den ersten beiden Futterquellen, an der „Fisch-

bar" schließlich wird ein Traum war: Fischbrötchen-Belegware so weit das Auge reicht!

Hinter dem meterlangen Tresen sorgen viele junge, sehr freundliche „Loof"-Mitarbeiter für flotte Bedienung, nehmen die Bestellungen entgegen und wiegen Salate und Marinaden ab. Vor allem aber legen sie ständig Fischbrötchen nach, denn im „Fischhaus Loof" findet der maritime Snack aufgrund des Andrangs reißenden Absatz. Kein Kunde muss lange Wartezeiten in Kauf nehmen, und jedes Brötchen ist so knusprig, als wäre es eben erst aus dem Ofen gekommen.

Bei gutem Wetter (oder dem, was der Norddeutsche dafür hält) gibt es draußen vor dem Geschäft

Ich bin doch nicht doof … Astreine Fischware auf dem Weg in den Urlaub

kaum noch freie Stühle und Tische. Dann heißt es: Eine Fraktion hält den ergatterten Platz besetzt und die andere geht auf Bestelltour. Ob Durchreisende Richtung Nordfriesische Inseln, Feriengäste oder Ausflügler, der Loofsche Werbeslogan hat sich herumgesprochen: „Man sagt, wir haben die besten Fischbrötchen der Welt." Uns Fischbrötchen-Reportern geht das einen Tick zu weit, aber dies können wir wirklich bestätigen: astreine Fischbrötchen, große Auswahl! Hier in der Gegend ist das „Fischhaus Loof" ganz weit vorn.

Puppenspiele

Seit 30 Jahren sind Husum und der Pole-Poppenspäler-Verein Gastgeber eines der ambitioniertesten Figurentheater-Festivals der Republik, bei dem zehn Tage lang Dutzende Puppenspieler aus dem In- und Ausland (auch aus Übersee!) ihre Stücke für Kinder, Jugendliche und Erwachsene aufführen, begleitet von Vorträgen, Lesungen und Ausstellungen. Husum-Gäste sollten unbedingt Zeit einplanen für einen Besuch des Poppenspäler-Museums im Schloss vor Husum in der *König-Friedrich V.-Allee* (alle Infos zum Museum und Festival: *www.pole-poppenspaeler.de*).

NORDSTRAND

Insel-Fisch

Insel-Fisch
Norderhafen, 25845 Nordstrand
Telefon 0 48 42 / 5 88

Anfahrt
Vom ZOB Husum mit der Buslinie 1047 bis zur Haltestelle „Nordstrand Norderhafen"

Öffnungszeiten
Anfang Mai bis Ende September: Mo bis So 11 bis 21 Uhr (Küche) und 9 bis 21 Uhr (Fischverkauf)
Oktober bis Ende April: Mo bis So 11 bis 19 Uhr (Küche), Mo bis So 9 bis 19 Uhr (Fischverkauf). *Von Anfang Oktober bis Ende Juni:* Do Ruhetag

Wie reimt es sich ganz nett: „Vorne keine Tür, hinten keine Wand – das ist Nordstrand." Dafür hat Ernst „Erni" Petersens „Insel-Fisch" ein prächtiges Reetdach und eine große Terrasse noch dazu. Günstig auf der Strecke zum Fährhafen gelegen, ist der Imbiss der ideale Boxenstopp für hungrige Nordstrand-Gäste.

„Hier bei uns geht für viele der Urlaub erst richtig los. Die Leute kommen von überall her, aus Berlin, Nordrhein-Westfalen, und die Bayern lassen sich unsere Fischbrötchen auch nicht entgehen", sagt Erni. „Nur die Dänen sind ratlos. Was Fischbrötchen anbelangt – dat

kennen die nich." In mehr als 25 Jahren hat sich der „Insel-Fisch" einen Namen gemacht und ist nun schon Kult. Das hat seinen guten Grund: Dreizehn Fischbrötchen-Varianten sind immer am Start, in der Hauptsaison noch in paar mehr. Warme Hauptgerichte gibt es auch. Seelachs-, Rotbarsch-, Schollenfilet oder Krabben mit Bratkartoffeln, Krabbensuppe, Shrimps in Backteig. Für die Lütten stehen Pommes und der Backfisch-Klassiker auf der Tafel. Mit dem Frisch- und Räucherfischverkauf wird das Angebot im „Inselfisch" abgerundet. Der gebürtige Ostfriese Erni steht auf Fisch:

Ernst „Erni" Petersen ist in Ostfriesland geboren, lebt auf Nordstrand und verkauft Fischbrötchen. Mehr „Fischkopp" geht nun wirklich nicht

„Mich können Sie wecken mit Fisch. Am liebsten hab' ich Seelachsfilet, esse aber so oder so jeden Tag irgend etwas aus dem Meer."

Dieses Faible teilt seine Frau Marita ebenso wie die gesamte „Inselfisch"-Crew. Verkäuferin Nicole Witzke ist seit fünf Jahren dabei. Ihr Favorit? „Ganz klar Schollenfilet", kommt es wie aus der Pistole geschossen. „Und Räucherlachs. Seit ich hier arbeite, esse ich viel mehr Fisch als vorher."

Netter kleiner Service der „Insel-Fischer" ist die Rubrik „Ich hab da mal 'ne Frage" auf der Speisekarte. So erfahren Sie etwas über Landschaft und Gezeiten, Ihnen wird die Herkunft der Schillerlocke erklärt und das Geheimnis eines guten Labskaus' verraten. 🐟

Weit kucken

Pilgern Sie zum sprechenden Fernrohr auf dem Nordstrander Seedeich, nur ein paar Meter vom „Insel-Fisch" entfernt. Wenn Sie mit diesem Fernrohr den Horizont absuchen, melden Signaltöne an, dass es gleich etwas Interessantes zu sehen gibt. Dann beginnt eine Stimme zu erzählen, was es mit dem Objekt in der Ferne auf sich hat. An 14 Positionen erhalten Sie Informationen, von der Hallig Süderoog bis zum Holmersiel. Das Ganze funktioniert selbst bei Nebel und Regen.

Watt für 'n Erlebnis!

✱

**Die einen machen es im Sommer, die anderen im
Winter: Eine Wattwanderung lohnt sich zu jeder
Jahreszeit. Idealerweise schließen Sie sich wie
unsere Autorin** *Annette Woywode* **und der Fotograf**
Tim Hoppe **einer Gruppe an, die sich von einem
Wattführer alles über die Besonderheiten dieses
einzigartigen Biotops erzählen lässt. Und der
vielleicht auch vorschlägt, das lustige
„Nebelspiel" zu spielen …**

Kothäuflein. Alles voller Kothäuflein, so weit das Auge reicht. Und man kann sehr, sehr weit schauen – über den Meeresboden hinweg, den das Nordseewasser nur noch hauchdünn überzieht, bis zum Horizont. Denn es ist Ebbe vor St. Peter-Ording. Das Meer hat sich zurückgezogen und das Watt freigegeben, das bedeckt ist mit diesen Häuflein. Und da soll man nun durchwandern, zusammen mit Stefan Lindemann, der gerade seinen Bundesfreiwilligendienst bei der Schutzstation Wattenmeer absolviert und heute den Wattführer gibt.

24 Naturfreunde sind am Treffpunkt zur Wattwanderung erschienen. Sie alle haben den Tipp beherzigt, sich wärmer anzuziehen, als es an Land nötig wäre. Im Sommer lautet die Devise für all jene, die das Watt barfuß erleben wollen: „oben warm, unten kalt". Jetzt, im Februar ist dagegen „überall warm" angesagt. Der Wind pfeift, rüttelt an den Klamotten und beißt sich an jeder Hautpartie fest, die nicht mit einer dicken Stoffschicht bedeckt ist. „Echtes Friesenwetter heute", sagt Stefan und lacht der Gruppe Vermummter in Gummistiefeln aufmunternd zu. „Jeder kann zurück, wenn er will", sagt der 19-Jährige, „aber dann

Das Watt ist mit Vorsicht zu genießen

bitte ich um ein Zeichen, damit ich weiß, dass ich mit weniger Leuten zurückgehe."

Denn das Watt ist eine Wildnis, die wunderschön, aber auch gefährlich ist. Es kann böse Folgen haben, die Gegend nicht zu kennen und vor allem nicht zu wissen, wann das Wasser (schneller, als man denkt) zurückkommt. Und so erzählt Stefan die Geschichte von dem Paar aus Bonn, das im Januar 2014 auf eine St. Peter-Ording vorgelagerte Sandbank hinauswanderte und an deren Ende glaubte, vom Land abgeschnitten zu sein. In Panik versuchten die beiden, durch einen tiefen Priel an Land zu schwimmen. Der Mann kam dabei ums Leben. Ein tragischer Unfall, der vermeidbar gewesen wäre: Es war Ebbe, das Wasser lief ab. Schon wenig später hätten sie den Priel einfach durchwaten können.

Bei einer geführten Wattwanderung sind solche Unfälle ausgeschlossen. Außerdem lernt man eine Menge dabei: Zum Beispiel, dass der Nationalpark Schleswig-Holsteinisches Wattenmeer mit 4400 Quadratkilometer so groß wie das Ruhrgebiet ist und von Sylt oben im Norden bis hinunter nach Friedrichskoog reicht. Dass in dieser Region jährlich mehr als 12 Millionen Zugvögel rasten, weil sie dort eine Fülle an Nahrung und reichlich Platz zum Brüten finden. Dass hier Robben und Schweinswale zu Hause sind und ihre Jungen zur Welt bringen. Und dass es sich bei diesen Kothäuflein, die das Watt bedecken, um die vermutlich saubersten Ausscheidungen der Welt handelt: nämlich um von Bakterien und Schwebstoffen gereinigten Sand. Verantwortlich dafür sind Wattwürmer, die durch ihre Fressaktivitäten die obersten 20 Zentimeter des Wattbodens jedes Jahr einmal komplett filtrieren. „Und wie lange kann ein Wattwurm wohl die Luft anhalten?", fragt Stefan. „Neun Tage", lautet die Antwort. Erst dann muss seine Röhre im Sandboden wieder überflutet werden, so dass er durch seine Kiemen atmen kann.

Saubere Sache – die Ausscheidung des Wattwurms

*

Unser Wattführer läuft voraus, die Gruppe folgt in gemütlichem Tempo. Hier kann jeder Schritt halten. Der Blick schweift ungehindert in die Ferne. Die Luft ist herrlich frisch, es riecht zart nach Salzwasser und ein wenig nach Schlick. Auf dem Sandboden findet man die Spuren von Vögeln wie Möwen oder Austernfischer. Unsere Gummistiefel platschen die ganze Zeit leise durchs Wasser. Sie sacken nur wenig ein, denn die heutige Tour führt durch Mischwatt, das aus mittelgroßen Sandkörnern und 50 Prozent Wasser besteht. Lediglich im Schlickwatt (kleine Sandkörner bei 75 Prozent Wasseranteil) versinken Wanderer teils bis zu den Knien – ein Spaß, den man sich für die Sommermonate aufheben sollte. Dafür sind die Wattwanderungen im Winter weniger gut besucht, das heißt, mit etwas Glück hat man seinen Wattführer beinahe für sich alleine.

Plötzlich ändert sich das Geräusch unter den Gummistiefeln. Entlang eines Priels liegen Tausende Muscheln, deren Schalen mit leisem Knirschen unter den Schritten zerbröseln. Sandklaff- und

Hinterlassenschaft der Wikinger? Die Sandklaffmuschel

Herzmuscheln, weiß Stefan. Erstere wurden vermutlich von den Wikingern eingeschleppt, die sie als Proviant nutzten. Doch mittlerweile gelten sie als heimisch, erzählt der Wattexperte, der an den roten Nasen seiner Truppe sehen kann, dass es bald Zeit für die Rückkehr an Land ist.

Doch zuvor spielt er mit uns noch das „Nebelspiel", um uns für die Gefahren des Seenebels zu sensibilisieren. Das Naturphänomen kann zu jeder Jahreszeit plötzlich auftreten. „Da steht man schlagartig in der Suppe", beschreibt Rainer Borcherding von der Schutzstation Wattenmeer später am Telefon das Phänomen, das jedem Wanderer die Orientierung raubt. „Da möchte man nicht ohne Kompass draußen sein."

„In einer Reihe aufstellen", gibt Stefan das Kommando. Nun dürfen alle noch ein Mal den Blick in die Ferne und auf die Strandhütte richten, an der sich die Gruppe vor gut eineinhalb Stunden getroffen hat und zu der wir nun zurückkehren wollen. Dann heißt es: Augen zu und blind Kurs auf die Hütte nehmen. „Nicht linsen!", werden wir ermahnt. Erst nach gut 100 Metern erlaubt er, die Augen wieder zu öffnen. Das überraschende Ergebnis: 24 Menschen stehen weit verstreut über das Watt. So gut wie keinem ist es gelungen, geradeaus zu laufen. Der Grund: Jeder Mensch hat zwei unterschiedliche Füße, die er obendrein nicht gleichmäßig beansprucht. Außerdem divergiert seine Schrittlänge. Das Watt aber sieht überall gleich aus. Kann ein Wanderer den Deich nicht mehr sehen, läuft er automatisch Gefahr, im Kreis zu gehen. Kommt Seenebel auf, wird er sich ohne technische Hilfsmittel hoffnungslos verirren.

Nun aber Abmarsch in Richtung Strand. Die Füße sind eiskalt, die müssen dringend ins Warme. Schließlich ist der Mensch kein Wattwurm.

Schutzstation Wattenmeer

Der Verein Schutzstation Wattenmeer hat das Ziel, den Schutz von Wattenmeer und Nordsee zu erhöhen und in der Öffentlichkeit um Verständnis dafür zu werben. Dafür bieten die Mitarbeiter an der gesamten schleswig-holsteinischen Nordseeküste ganzjährig eine breite Palette an Führungen an: Wattwanderungen, Salzwiesenführungen, vogelkundliche Führungen etc. Die Führungen werden hauptsächlich von eigens dafür geschulten Teilnehmern des Bundesfreiwilligendienstes oder eines Freiwilligen Sozialen Jahres angeboten.

Informationen zu den Terminen, Uhrzeiten und Treffpunkten unter *www.schutzstation-wattenmeer.de*

Wer ohne Wattführer ins Watt gehen will, sollte folgende Ratschläge beherzigen:
› wetterfeste und winddichte Kleidung tragen
› nicht alleine gehen
› nicht mehr als 300 Meter vom Festland entfernen
› bei ablaufendem Wasser starten; maximal 2 Stunden gehen
› Handy, Kompass und eventuell GPS-Gerät einstecken
› Hunde dürfen an der Leine mitgehen

NORDSTRAND

Neptun Snack

Neptun Snack
Strucklahnungshörn (Hafen), 25845 Nordstrand
Telefon 0 48 42 / 10 61

Anfahrt
Vom ZOB Husum mit der Buslinie 1047 bis zur Haltestelle
„Nordstrand Fähranleger"

Öffnungszeiten
Von Ostern bis Mitte Oktober: täglich von 10 bis 18.30 Uhr

„Viele Nordstrander kommen extra hierher zum Hafen Strucklahnungshörn, um ein oder zwei Fischbrötchen bei uns zu essen. Pflichttermin sozusagen. Wir sind nämlich die etwas andere Fischbude. Hier wird immer alles frisch belegt, hier ist nix schon fertig." Silke Empen preist ihre über 20 Fischbrötchen-Variationen mit den Brötchen von Bäcker Hansen an: „Die sind noch abends knusprig und knackig, es sei denn, es regnet …"

Von April bis Oktober steht der Imbiss direkt an der Kaimauer, außer bei Sturmwarnung. Dann ziehen die Empens ihre Bude in sichere Gefilde. „2014 war so gutes Wetter, da haben wir auch Bänke und Tische rausgestellt, und die

Mit Pferd und Wagen

An Nordstrands Badestelle Fuhlehörn haben Sie die Wahl: in der Sonne dösen oder das Watt erkunden. Das geht besonders schön bei einer entspannten Kutschfahrt von Nordstrand zur Hallig Südfall, die am Fuhlehörn beginnt und endet. Auf Südfall, einem Vogelschutzgebiet, gibt es eine kleine Führung. Für den Ausflug (etwa 3,5 Stunden) melden Sie sich bitte bei Herrn Andresen zwischen 8 und 12 Uhr an (*Telefon 0 48 42 / 300, www.nordstrand.de/erleben/ausflugtipps*).

Nicht nur der Mensch braucht ab und zu eine kleine Erfrischung ...

Leute haben hier stundenlang gesessen, Kaffee getrunken oder Kartoffelsalat mit Fisch gegessen." Die Lieblingsfischbrötchen der Kunden sind die mit *Lachs*, *Aal* und *Krabben*. Und natürlich das mit Holsteiner Matjes. „Der ist sowas von zart! Sieht aus wie Marzipan", sagt Uwe.

Seit März 1993 gibt es Empens Fischbrötchenbude im Hafen Strucklahnungshörn, angefangen hat es mal mit Glühwein und Schmalzbroten. Im Laufe der Zeit hat sich das Angebot sukzessive ausgeweitet, immer schön kundenorientiert. Neben Fischbrötchen gibt es viel Selbstgeräuchertes wie *Aal*, *Makrele* & Co. Wer dann doch lieber Fast-Food-Klassiker wie Brat- und Currywurst bevorzugt, die sind auch dabei. Und nicht selten frisches Nordstrander Grünzeug: Obst und Gemüse werden dann direkt vom Hänger aus den gestapelten Kisten verkauft.

Eine kleine Wanderung oder Radtour am Deich lohnt sich übrigens. Hier treffen Sie auf ein paar gar nicht so blöde Schafe, die Ihnen den Weg versperren. Aber keine Sorge, die haben nur Durst. Drücken Sie also den Knopf an der Dusche, und Sie tun ein gutes Werk. 🐟

PELLWORM

Leo's Fisch- und Grillimbiss

Leo's Fisch- und Grillimbiss
Am Alten Hafen, 25849 Pellworm
Telefon 0 48 44 / 99 03 36

Anfahrt
Vom Fähranleger Nordstrand mit der Fähre nach Pellworm

Öffnungszeiten
In der Hauptsaison: 10 bis 20 Uhr, bei Bedarf auch länger
In der Nebensaison: 10 bis 19 Uhr, 15 bis 16 Uhr geschlossen

Ab 1983 sorgte zunächst Leo Brunner mit seinem Fischimbiss am Hafen von Pellworm dafür, dass niemand die Insel hungrig betreten oder verlassen muss. Inzwischen wirbelt sein Sohn Roland in diesem windumwehten Treffpunkt mit Wasserblick und garantiert für eine schöne Auswahl an frisch zubereiteten Fischgerichten, vom Backfisch über Schollen-, Kabeljau- und Rotbarschfilet bis zum, na logo, Fischbrötchen, das mit hausgemachter Remoulade veredelt wird. „Erst hatten wir Butter drauf. Die war mal zu hart, mal zu weich. Dann haben wir Mayonnaise genommen. Die war zu schwer. Also haben wir unsere eigene Remoulade erfunden", sagt Roland. Über das Feintuning der Fischbrötchen mit Gewürzgurke, Zwiebeln, Paprika oder Salat entscheidet letztendlich der Gast.

„Leo's Fisch- und Grillimbiss" zeichnet sich sowieso durch viel Selbstgemachtes aus. Die Senior-Chefin kümmert sich um den Matjes und die Heringssalate, und der Senior-Chef räuchert *Aal*, *Makrele*, *Forelle*, *Heilbutt*, *Lachs* oder *Hering*. Im Sommer kommen auch Hähnchen übers Buchenholzfeuer. Dann wird um Vorbestellung gebeten. Unschlagbar bei „Leo's": die Brötchen mit *Krabben*, die frisch vom Kutter kommen und nicht fertig gepult aus Marokko. „Auf Pellworm gibt es nicht eine einzige Krabbe, die den Umweg über Marokko

Schön, dass es bei „Leo's" genügend andere Sitzmöglichkeiten gibt

hinter sich hat", versichert Leo Brunner. „Für die eine Krabbe lohnt sich dat ja auch nich," wirft Carsten Petersen ein, der am „Stammtisch für Fischer, Jäger und andere Lügner" sitzt – so steht's auf einem von vielen frechen Schildern in Leo's Imbiss.

Bratheringe gehen auch immer gut. Roland erzählt, dass einige der regelmäßig wiederkehrenden Urlauber bei ihm ausschließlich Bratheringe essen. „Die sind richtig traurig, wenn's mal keine gibt." Zum Trost bekommen sie dann ein Bier. So rührend kümmert man sich an der Küste um seine Gäste! 🐟

Seestückesammlung

Besuchen Sie im Dampferschuppen am Alten Hafen die Dauerausstellung „Seefahrt tut not" und bestaunen Sie, was der Sammeleifer von Seeleuten und Fischern zustande gebracht hat: schöne alte Navigationsinstrumente und Modelle von Dampfern sind genauso zu sehen wie Funde aus dem Watt und Wrackteile. Ein großartiges Seefahrtsmuseum, das viele Besucher verdient hat! Von April bis November täglich von 10 bis 17 Uhr geöffnet (Telefon 0 48 44 / 12 66; *www.insel-museum.de/museen/ dampferschuppen-pellworm*).

16

WITTDÜN AUF AMRUM

Butt'ze

Butt'ze – Der kleine Fischladen-Imbiss
Inselstraße 34, 25946 Wittdün / Amrum

Anfahrt
Vom Fähranleger Wittdün mit der Buslinie 1 bis zur Haltestelle „Wittdün Mitte"

Öffnungszeiten
April bis Oktober: täglich 11 bis 18 Uhr, im Sommer 10 bis 20.30 Uhr

Nachdem der vorherige Besitzer diesen Ort zwölf Jahre lang geprägt und zu Kultstatus geführt hat, steht nun Mariusz Malyszko am Ruder. Nicht jede freundliche Übernahme verläuft reibungslos – diese schon. Der kleine Laden hat nichts von seinem rauen, aber liebevollen Charme verloren, und der Fisch ist weiterhin uneingeschränkt empfehlenswert.

Wie gewohnt muss man zunächst geduldig in der Warteschlange ausharren, bevor man sein Fischbrötchen mit gewünschtem Belag und nicht ohne einen deftigen Spruch gereicht bekommt. Mit Freuden stellt man fest, dass die „Butt'ze"-Klassiker auch unter der neuen Regie immer noch auf der Karte stehen und (was noch wichti-

ger ist) mindestens so gut sind wie zuvor. Ob nun frisch, geräuchert, gebeizt, eingelegt oder gebacken: Sie haben die Qual der Wahl, welcher Fisch in welcher Zubereitungsart Ihnen ins knusprigen Brötchen gelegt werden soll.

Im Angebot: Bismarckhering, (Chili-)Matjes, *Krabben*, *Heilbutt* und *Butterfisch*, aber auch Schillerlocke und Backfisch in herrlich fluffiger Teighülle. Wem der Bierteig des Backfisches zu mächtig ist, wählt den ebenfalls sehr guten „Knusperfisch".

Allen gemein ist der überaus großzügige Belag mit Fisch, Salat und hausgemachter Remoulade. Mit den Wraps, die zum Beispiel mit *Thunfisch* gefüllt sind, hat die „Butt'ze" zudem etwas Besonderes

Platz ist in der kleinsten Hütte, auch für ein großes Fischbrötchenangebot

im Angebot, was man nicht bei jeder Fischbrötchenversorgungsstelle vorfindet. Das ist sicher einer der Gründe, warum man hier regelmäßig Einheimische trifft, was ja grundsätzlich als sehr gutes Zeichen zu bewerten ist.

Nordseeliteratur

Schräg gegenüber (*Inselstraße 35–37*) gibt's in der Buchhandlung der Familie Quedens die wohl größte Auswahl an Literatur über Nordfriesland und Amrum sowie über die benachbarten Inseln und Halligen. Der namhafte Tier- und Naturfotograf, Inselhistoriker und Sachbuchautor Georg Quedens, 1934 in Norddorf geboren, ist profunder Kenner seiner Heimat und wird respektvoll „Mr. Nordsee" genannt. Verlegt werden seine Bücher von seinem Bruder Jens, dem Inhaber der drei Quedens-Filialen auf Amrum (zwei in Wittdün, einer in Norddorf).

17

NEBEL AUF AMRUM

Fisch & Meer

Fisch & Meer
Uasterstigh 6, 25946 Nebel / Amrum
Telefon 0 46 82 / 9 64 70

Anfahrt
Vom Fähranleger Wittdün mit der Buslinie 1 bis zur Haltestelle
„Nebel Mitte"

Öffnungszeiten
April bis Oktober: Mo bis Fr 8.30 bis 18 Uhr, Sa 8.30 bis 14 Uhr,
So geschlossen, über Weihnachten und an Silvester geöffnet

Auf halbem Wege zwischen Wittdün und Norddorf liegt das schnuckelige Örtchen Nebel, und dort, mittendrin, findet man „Fisch & Meer". 2006 übernahm Ingo Oppermann den Fischkiosk, den er mit Manuela Kirschner und 30 Jahren Gastro-Erfahrung zu neuer Blüte führte.

Im „Fisch & Meer" könnte man vom Boden essen: Blitzblank ist der Verkaufsraum, wo die Theken eine appetitliche Auswahl an Fischen und Meeresfrüchten bereithalten, die das Duo Oppermann & Kirschner von der Fischereigenossenschaft aus Tönning bezieht. Die Fischbrötchen (eigentlich sind es Fischbaguettes) genießen weit über

die Insel hinaus einen hervorragenden Ruf. Allen voran das Krabbenbrötchen, das eine komplette Mahlzeit ersetzen kann, gefolgt von den Klassikern mit *Lachs*, Matjes, Bismarckhering, Backfisch oder Fischfrikadelle.

Apropos Frikadelle: Gleich nebenan findet man quasi als Alternative zum Fisch Amrums einzige Inselfleischerei Dethlefsen mit hausgemachten Buletten, Würsten oder Schnitzeln im oder am Brötchen.

Ob nun Fisch oder Fleisch: Verzehren lässt sich beides im kleinen Strandkorb-Garten, den sich beide Fachgeschäfte teilen. Mit dem direkt gegenüber liegenden

Die Jungs haben ausnahmsweise mal
Zeit für ein Gruppenbild mit Damen

Inselrundfahrt

In Nebel, am Hotel Friedrichs (*Uasterstigh 18*), befindet sich eine der drei Ein- und Ausstiegsstellen vom Insel Paul. Der Insel Paul ist eine kleine, fröhlich bunte Bimmelbahn und eine Hommage an die früher auf Amrum fahrende Schmalspurbahn. Nicht mehr auf Schienen, sondern auf der Straße kutschiert die kleine Bahn die Touristen über die Insel. In etwa 70 Minuten führt die 25 Kilometer lange Strecke vorbei an allen Sehenswürdigkeiten und Schönheiten der Insel, dazu gibt's Informationen und Döntjes vom „Lokführer".

reetgedeckten Friesen-Café, wo es die „echten Amrumer Waffeln", Friesentorte und den legendären Eiergrog gibt, befindet sich hier auf dem Uasterstigh das kulinarische Herz von Nebel.

Aber nochmal zurück zu den guten Fischbrötchen: Besonders gefreut haben wir uns darüber, dass neben dem Räucherlachs auch die skandinavische „Graved Lachs"-Variante mit der dafür typischen, relativ süßen Dill-Senfsauce erhältlich ist – auf jeden Fall eine gute Wahl!

18

NORDDORF AUF AMRUM

Zum Fischbäcker

Zum Fischbäcker – Restaurant und Fischfachgeschäft
Lunstruat 13, 25946 Norddorf / Amrum
Telefon 0 46 82 / 43 64

Anfahrt
Vom Fähranleger Wittdün mit der Buslinie 1 bis zur Haltestelle
„Norddorf Mitte"

Öffnungszeiten
März bis Mitte November: Mo bis Sa 10 bis 20 Uhr
Über Weihnachten und Silvester geöffnet

1960 gegründet, wird diese Amru-mer Institution seit 2001 von Sven Schubert und seiner Frau Heidrun in zweiter Generation geführt. Schubert ist Koch und Kopf eines Teams, das sich überwiegend aus Insulanern zusammensetzt und den „Fischbäcker" lebt, dass es eine Wonne ist. In dem Fachgeschäft mit Restaurant werden täglich frischer Fisch, auch aus der eigenen Räucherei und hausgemachte Fischsalate angeboten.

Wer die Spezialitäten hier genießen möchte, ergattert idealerweise einen Platz im Restaurant (11.30 bis 14.30 Uhr und 17.15 Uhr bis Feierabend) oder auf der großen Terrasse, wählt aus der Karte, schaut in der offenen Küche bei der Zubereitung zu und genießt zum Beispiel das mit Schmand und Krabben gefüllte Schollenfilet „Fischbäcker". Die Krabben werden hier (auf Vorbestellung) selbst gepult. Nix mit Marokko und zurück: Heidrun und Tante Gerda befreien die Meeresbewohner flink aus ihrer Schale.

Pellkartoffeln zum Niederknien lecker, Fischsuppe mit ordentlich was drin, Sahneheringe wie bei Muttern – hier lässt es sich gut aushalten. Doch noch einmal zurück zum Ladengeschäft, dem Herzstück des „Fischbäckers". Dort gibt's den Fisch in täglich von Bäcker Schult gelieferten Brötchen, dessen feine Konditorei mit angeschlossenem

Alles fein hier: Heidrun und Sven schwören auf ihre Familienrezepte

Verdauungsspaziergang

Der „Öömrang Ferian", der Amrumer Naturschutzverein, betreibt in Norddorf das Carl Zeiss Naturzentrum (*Strunwai* 31, November bis März Mi und Fr bis So 12 bis 16 Uhr, übrige Zeit Fr bis Mi 10 bis 17 Uhr). Die Ausstellung des Zentrums bietet einen Spaziergang durch die Lebensräume der Amrumer Natur. Es werden geführte Rundgänge durch die Ausstellung ebenso angeboten wie Führungen durch das Watt, über den Strand, durch die Dünen und zum „Vogelkieken".

Café in der *Ual Saarepswai 9* auch unbedingt ein Besuch wert ist. Das Angebot an Fischbrötchen umfasst selbstverständlich sämtliche Klassiker, gerne aber können Kunden ihre Wünsche äußern. So wie die Marinaden sind auch die Saucen nach Familienrezepten hausgemacht.

Unsere Empfehlung: Gehen Sie mit Ihrem Fischbrötchen nicht gleich zurück auf die Straße, sondern genießen Sie es im Geschäft – es kann nämlich gut sein, dass zwar Ihr Hunger gestillt ist, nicht aber Ihr Appetit. Denn diese Brötchen machen Lust auf mehr!

19

WYK AUF FÖHR

Scheel – Fischspezialitäten

Scheel – Fischspezialitäten
Sandwall 2, 25938 Wyk auf Föhr
Telefon 0 46 81 / 7 48 74

Anfahrt
Vom Hafen Wyk bequem zu Fuß erreichbar

Öffnungszeiten
Anfang März bis Mitte Oktober: täglich 8 bis 19.30 Uhr
Über Weihnachten und an Silvester geöffnet

Nur wenige Schritte vom Hafen entfernt beginnt Wyks schmucke Fußgängerzone. Sie sucht aufgrund ihrer Lage, Länge und Gestaltung an der gesamten Nordseeküste ihresgleichen und ist Strandpromenade, Flanier- und Shoppingmeile in einem. Neben den vielen Geschäften, deren Angebote von modischem Schick bis touristischem Kitsch reichen, sind es nicht zuletzt die gastronomischen Adressen, die die Besucher anlocken. Erwähnenswert sind die kuschelig-neo-friesische Milchbar, das traditionelle Café Steigleder, das avantgardistische Eiscafé Glenngelato und schließlich das Geschäft, bei dem gleich am Anfang des Sandwalls so viele hängen bleiben, weil es so herrlich duftet.

Hier ist die ganze Familie Scheel am Werk und versorgt hungrige Urlauber mit ihren Gerichten. Die Fischsuppe und die Fischfrikadellen sind unbedingt zu empfehlen, die Fischsalate – besonders der mit Thunfisch! – allesamt hausgemacht und wirklich gut. Natürlich stehen die Fischbrötchen diesen Scheel-Spezialitäten in nichts nach und haben sogar große Brüder, unter denen das Pannfisch-Baguette mit Remoulade, Krabben und Zwiebeln der absolute Bringer ist.

Da der Strand und die kleine Seebrücke nur wenige Meter entfernt liegen, sollten Sie nicht vor dem Geschäft Platz nehmen, sondern Ihren Imbiss lieber mit einem grandiosen Blick über das Meer

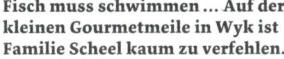

Fisch muss schwimmen … Auf der kleinen Gourmetmeile in Wyk ist Familie Scheel kaum zu verfehlen.

genießen. Das Panorama mit dem scheinbar unendlichen Wattenmeer und den Halligen Oland und Langeneß am Horizont hat zu jeder Jahreszeit seinen besonderen Reiz und ist einfach unbezahlbar – im Gegensatz zu Scheels Fischspezialitäten, denen man ein angemessenes Preis-Leistungsverhältnis attestieren kann.

Frisch auf den Tisch

Auf Föhr gibt nicht nur Fisch und Krabben zu essen, denn Föhr ist eine grüne Insel und ein Paradies für landwirtschaftliche Erzeuger. Auf dem Bauernmarkt ist die Auswahl für eine so kleine Insel überraschend groß. Unter anderem können diese Föhrer Produkte erworben werden: Korn-Eier aus Borgsum, Marmeladen und Honig aus Oldsum, Käse von Kuh, Schaf und Ziege aus Alkersum, Wrixum und Midlum, Wurst und Schinken vom Lamm und Galloway-Rind aus Nieblum (von Mai bis September Mi und Sa 9 bis 12 Uhr auf dem *Rathausplatz in Wyk*).

20

WYK AUF FÖHR

Andresen

Andresen – Leckereien aus dem Meer
Mühlenstraße 10, 25938 Wyk auf Föhr
Telefon 0 46 81 / 7 46 19 29

Anfahrt
Vom Hafen Wyk bequem zu Fuß erreichbar

Öffnungszeiten
Täglich 11 bis 19 Uhr (im Sommer bis mindestens 20 Uhr),
November bis Februar: täglich 11 bis 15 Uhr, über Weihnachten und an
Silvester 11 bis 19 Uhr

Das Fischbistro und Restaurant in der Fußgängerzone der Inselhauptstadt betreibt Riewert Andresen seit 2010 unter seinem Namen. Gäbe es auf Föhr ein Kampen wie auf Sylt, dieses Lokal würde perfekt dort hinpassen.

Feine Präsentation der Spezialitäten, hochwertiges Geschirr und Besteck: Hier genießt nicht nur der Gaumen! Trotz Champagnerauswahl und Sylter Royal-Austern auf der Tafel sind die Preise nicht abgehoben, und das Angebot der Speisen weist eine erstaunliche Bandbreite auf: von traditionellen Gerichten mit selbst gemachten Dips und Saucen bis hin zu Extravaganzen wie Algensalat und frische Antipasti als Ergänzung für das heimische Fischbuffet.

Doch kommen wir zum eigentlichen Punkt, Fisch „auf die Hand". Statt der handelsüblichen Brötchen gibt es hier Baguettes oder Bagels, die knusprig-frisch aus dem Ofen kommen und vor den Augen der Kunden mit Matjes, Bismarck- und Brathering, *Krabben* und Käsecreme, oder Räucherlachs belegt werden. Sind das noch Fischbrötchen? Wir meinen: ja, nämlich Fischbrötchen royal! In Kombination mit dem freundlich-kompetenten Service und der Föhrer Bodenständigkeit macht „Andresen" richtig Spaß, und man nimmt gerne unter einem der Sonnenschirme Platz, um etwas

Hier ruht der Lachs im Bagel, dazu Salat – kein Spargel!

länger zu bleiben. „Andresen" ist ein gutes Beispiel für die auch in anderen Bereichen fortschreitende Entwicklung der Insel, die hohen Qualitätsansprüchen gerecht werden will, ohne dabei jedoch das Augenmaß und die eigenen Wurzeln zu verlieren.

Kunst der Westküste

Bemerkenswert: Eines der renommiertesten Museen der Republik befindet sich auf Föhr – das „Museum Kunst der Westküste" mitten im Friesendorf Alkersum. Den Ausgangspunkt der Ausstellung, die im Schwerpunkt Kunst rund um Meer und Küste erforscht und vermittelt, bildet die Gemäldesammlung des Museumsstifters Prof. h. c. Frederik Paulsen, dessen Vorfahren von der Insel Föhr stammen. Die Sammlung Kunst der Westküste, welche in Auszügen ständig im Museum präsentiert wird, umfasst dänische, deutsche, niederländische und norwegische Kunst aus der Zeit zwischen 1830 und 1930. Vermittelt wird die historisch orientierte Sammlung im Rahmen von ständig wechselnden Sonderausstellungen, die klassische und zeitgenössische Kunst in einen fruchtbaren Dialog treten lassen. *www.mkdw.de*

69

21

HÖRNUM AUF SYLT

Fisch Matthiesen

Fisch Matthiesen
Rantumer Straße 8, 25997 Hörnum / Sylt
Telefon 0 46 51 / 88 17 73

Anfahrt
Vom ZOB Westerland mit der Buslinie 2 bis zur Haltestelle „Hörnum Mitte"

Öffnungszeiten
Mo bis Sa 10 bis 20 Uhr, So 11 bis 20 Uhr
Im Winter Di bis So 11 bis 20 Uhr

1995 machten Kurt und Stefan Matthiesen ihre Fischhandlung im Zentrum von Hörnum zu einem schicken Bistro, und in der Folge entwickelte sich dieser Abschnitt der Rantumer Straße zur Schlemmermeile.

Mit dem gegenüber liegenden Restaurant-Café Lund bildet „Fisch Matthiesen" bis heute die Konstante in Hörnums kulinarischer Landschaft, die in den letzten Jahren deutlich an Attraktivität gewonnen hat. Inzwischen ist mit dem Kai3 sogar ein Restaurant dabei, das stolz auf einen Michelin-Stern sein kann.

Mitbewerber dieser Art scheut man bei Matthiesen nicht, im Gegenteil. Die Belebung des Ortes sorgt dafür, dass früher oder später jeder einmal im Bistro der Matthiesens oder vor ihrem Fischkiosk direkt am Hörnumer Hafen landet. Ob Bistro oder Kiosk: Die Betreiber konzentrieren sich auf das Wesentliche – lecker Fisch & Co. zu reellen Preisen. Wir sagen: Mission geglückt!

Neben den herzhaften, frisch belegten Fischbrötchen, von denen wir besonders jenes mit warmem Backfisch und unvergleichlicher Remoulade empfehlen, listen Speise- und Tageskarte eine Vielzahl klassischer Fischgerichte auf. Die Auswahl im Bistro ist sogar noch etwas größer. Je nach Saison kommt das Beste von Land und Meer auf die Karte (Probiertipp:

Warten auf Willy, aber auch sonst lohnt ein Besuch des Hörnumer Hafens

„Elsa's Edelfischteller" mit gebratenem Fischfilet, jungem Hering, Lachsfilet, gebratenen Muscheln, tollen Bratkartoffeln und Sauce hollandaise).

Übrigens: Beim Fischkiosk am Hafen ist seit Jahren die Kegelrobbe Willy ein Publikumsmagnet. Willy hat sich den Inselhafen wegen des schier unaufhörlichen Nachschubs an Heringen zum Esszimmer auserkoren. Und wie es der Zufall so will, sind bei Matthiesen fressgerechte Happen gegen kleines Geld erhältlich, und so liegt täglich eine Schar von Kindern bäuchlings auf der Kaimauer und füttert das nimmersatte Maskottchen Hörnums – es hat halt einen guten Geschmack …

Frische-Paradies

Im Hafen von Hörnum liegen gleich zwei Flotten von Muschelfischern, die von hier aus ihre „Jagdgründe" bewirtschaften. So ist Sylt in der glücklichen Lage, direkt aus Hörnum mit heimischen Miesmuscheln versorgt zu werden. Geht's noch ein bisschen frischer? Ja! Aus einer kleinen Kombüse direkt neben den Schiffsliegeplätzen, mit ein paar windgeschützten Plätzen davor, werden kutterfrische Miesmuscheln angeboten, natürlich von den Muschelfischern selbst und nach traditionellen Rezepten!

22

HÖRNUM AUF SYLT

Meermann

Meermann
Rantumer Straße 31, 25997 Hörnum / Sylt
Telefon 0 46 51 / 4 46 68 99

Anfahrt
Vom ZOB Westerland mit der Buslinie 2 bis zur Haltestelle
„Hörnum Steintal"

Öffnungszeiten
Ostern bis Oktober: Mi bis Mo 12 bis 22 Uhr

„Meermann"? Auf Sylt? Noch nie gehört. Trösten Sie sich, Sie sind damit nicht allein. Selbst bei alteingesessenen Insulanern wird das „Meermann" immer noch als Geheimtipp gehandelt, dabei darf es sich bereits mit dem „Zertifikat für Exzellenz 2014" des Bewertungsportals TripAdvisor schmücken – und das völlig zu Recht!

Exzellenz mag vielleicht ein etwas zu steifer Begriff sein für eine der entspanntesten Locations auf Sylt, aber er trifft den Kern. Rustikales Ambiente, unkomplizierter Service eines sehr jungen Teams und wirklich gute Speisen zu angenehmen Preisen: Inhaber Christian Heitling hat mit seinem „Meermann" einen Stil kreiert, der

so fernab von Schickimicki ist, wie man es auf Sylt nicht für möglich hält. Obwohl kein Fischbrötchen-Imbiss im klassischen Sinn, gebührt dem Lokal aufgrund seiner kleinen, aber sehr feinen Auswahl an Fischbrötchen und der Lage direkt hinter den Dünen am Hörnumer Weststrand ein Platz in diesem Buch. Besonders die Zutaten punkten hier. Überwiegend aus der Region und oft (wie beispielsweise beim hausgeräucherten Lachs oder selbst eingelegten Brathering) vor Ort veredelt, schmeckt man den Unterschied zu weit gereister Importware natürlich sofort.

Bei den üppig und erst nach Bestellung belegten Brötchen hat man sogar die Wahl zwischen hellen

Wer sich hier nicht wohlfühlt, ist selber schuld: das „Meermann" mitten in den Dünen, die Sonne im Gesicht und Fischbrötchen vor der Nase

Die Meermänner (und-frauen): ein entspanntes und freundliches Team

Zelten

Der vielleicht idyllischste Campingplatz der Insel versteckt sich in einem Dünental direkt hinter dem „Meermann". Zwischen April und Oktober bietet er die Möglichkeit eines wirklich naturnahen Urlaubs und ist auf der im Sommer trubeligen Insel ein echter Rückzugsort. Für den Wohnmobilplatz gab es kürzlich sogar ein komplett neues Servicehaus, so dass hier nun ganzjährig gecampt werden kann. *www.hoernum.de*

Brötchen und Körnerbaguette – eine wirklich lobenswerte Alternative. Aber Fisch gibt es hier nicht nur im Brötchen. Ebenso empfehlenswert ist der Backfisch (auch britisch serviert als „Fish & Chips"). Dazu gibt es eine selbst gemachte Remoulade, die Suchtpotential hat.

Mit etwas Glück findet der Gast auf der Tageskarte knusprig gebratene Makrelen, die vom Inhaber oder einem seiner Köche am selben Tag geangelt wurden. Dann, aber nur dann sollte das Fischbrötchen auf Ihrer Wunschliste auf Platz zwei rücken.

23

DAGEBÜLL

Strandimbiss Dagebüll

Strandimbiss Dagebüll
Am Badedeich 7, 25899 Dagebüll
Telefon 0 46 67 / 4 39

Anfahrt
Vom ZOB Niebüll mit der Buslinie 1016 bis zur Haltestelle
„Dagebüll Sparmarkt"

Öffnungszeiten
Ostern bis Mitte Oktober: täglich 11 bis 20 Uhr
In der Hauptsaison angelehnt an den Gezeitenkalender (bei Flut wird
auch noch nach 20 Uhr gebadet)

Wer beim „Strandimbiss Dagebüll" Richtung Horizont blickt, sieht erstmal viel Grün und kein Himmelblau. Das ist der Deich, der versperrt den Blick. Erst dahinter ist der endlose norddeutsche Himmel. Oder darüber. Einmal über den Deich geklettert, und Sie sind am Strand. Was Max Höhrmann an diesem Standort vor fast 40 Jahren mit einer schlichten Fischbude gestartet hat, ist heute für Urlauber und Stammgäste DIE Adresse.

Dreizehn Sorten Fischbrötchen bekommen Sie bei Max und seiner Frau Sonja. Ihr Qualitätsgeheimnis: „Hier wird der Fisch jeden Morgen bis vor die Tür geliefert, genau wie die Bäckerbrötchen." Der absolute Hit ist der Dagebüller Fischburger aus *Seehecht*, *Seelachs* und *Kabeljau*, der mit dänischer Remoulade, Röstzwiebeln und süßsauren Gurkenscheiben daherkommt. „Da vergessen Sie jeden Hot Dog", meint Mitarbeiterin Sabine.

Eins sucht man auf den Brötchen vergeblich: Salat (norddeutsch: Gedöns). Wer aber auf frischen, knackigen Salat nicht verzichten will, wird bei den Tellergerichten fündig. Zum Beispiel beim „Halligbrot" mit Krabben auf Schwarzbrot mit Spiegelei oder beim Schollenfilet mit Krabben und Bratkartoffeln.

Dieser Burger ist der Hit – exklusiv zu bekommen achtern Diek in Dagebüll

Das Fischbrötchen-Know-how hat Chefin Sonja Höhrmann mit in die Ehe gebracht. Seit 16 Jahren steht sie ihrem Max mit Charme und Erfahrung zur Seite. Und das ist gut so, denn die Saison kennt keine Gnade: „Es gibt Tage, da reicht die Schlange fast bis hoch zur Straße. Aber fix geht das trotzdem", meint Sonja.

Und manches Mal ist auch ein bekanntes Gesicht unter den geduldig wartenden Gästen: „Da kam letztens einer hereinspaziert und sagte ganz locker: Ich soll hier Fischbrötchen kaufen. Das war dann Axel Prahl, der hat in der Nähe gedreht." Und so ist es eben – einen schickt man über den Deich und der muss dann für alle die Fischbrötchenplatte holen. 🐟

Deichspaziergang

Wenn Sie schon beim „Strandimbiss Dagebüll" in der Straße „Am Badedeich" sind, dann können Sie auch eine Deichwanderung unternehmen. Sie haben hier einen guten Ausgangspunkt für eine Rundwanderung. Auf dem gut ausgeschilderten Weg erklären 12 Infotafeln, was es so zu sehen gibt: Alter Leuchtturm, Lorenbahn, Muschelfabrik, Wasserversorgung der Halligen und vieles mehr. Und wenn Sie keine Lust haben, die Infotafeln zu studieren, genießen Sie einfach die reine Luft und den weiten Blick.

24

WENNINGSTEDT / WESTERLAND AUF SYLT

Gosch am Kliff / Gosch am Strand

Gosch am Kliff
Dünenstraße 17a
25996 Wenningstedt / Sylt
Telefon 0 46 51 / 9 95 94 90

Anfahrt
Von Westerland mit den Buslinien
1 oder 3 bis „Wenningstedt Mitte"

Öffnungszeiten
Täglich von 11 Uhr bis Feierabend

Gosch am Strand
Kurpromenade (Strandzugang
Strandstr.), 25980 Westerland / Sylt
Telefon 0 46 51 / 4 46 99 44

Anfahrt
Von Bahnhof mit der Buslinie 1 bis
„Westerland Alte Post"

Öffnungszeiten
Täglich von 11 Uhr bis Feierabend

Noch näher am Strand würde bedeuten, dass man sich nasse Füße
am Flutsaum holt, während man
für sein Fischbrötchen ansteht.
Gleich zwei dieser Pole-Positions
mit unfassbaren Ausblicken auf
das Meer hat sich das Sylter Fisch-
imperium Gosch gesichert.

2012 eröffnete das neue „Gosch
am Kliff" in Wenningstedt, das
seitdem nicht nur ein architekto-
nischer „Leuchtturm" an der Nordseeküste ist. 100 Innen- und 200
Außenplätze scheinen unter der
künstlichen Düne zu verschwinden,
die das Gebäude darstellen soll –
oder eher eine Auster, eine Welle?
Egal. Es ist auf jeden Fall ein abso-
luter Publikumsmagnet. Deshalb

Spiel, Sport, Spannung
In Westerland, direkt neben
„Gosch am Strand", gibt es noch
eins dieser leider selten gewordenen Riesen-Schachspiele, und
gegenüber von „Gosch am Kliff"
in Wenningstedt wartet auf die
Lütten beim Restaurant „Kar-
toffelkiste" ein Trampolin-Para-
dies. Einige Schritte weiter liegt
dann sogar noch ein 18-Loch-
Minigolfplatz (geöffnet von
Ostern bis Anfang Oktober von
11 bis 18 Uhr bzw. 21 Uhr in den
Sommermonaten; Kinder
2 Euro, Erwachsene 3 Euro).

1A Lage, mit Fischbrötchen, Kaltgetränk und Sonnenuntergang grandios

sollte man für sein Fischbrötchen ruhig zwei Minuten mehr Zeit einplanen, da es die maritime Zwischenmahlzeit hier nicht an einem Extra-Tresen gibt, sondern dort, wo auch die vielen anderen Speisen zu moderaten Preisen angeboten werden.

Dies ist in der neuesten Sylter Gosch-Filiale anders. 2014 nahm auf der Promenade in Westerland direkt am Strandzugang am Ende der Strandstraße „Gosch am Strand" seinen Betrieb auf – inklusive Fischbrötchen-Klappe! Die vielfältig belegten Brötchen bekommt man also

auch in diesem „Gosch", aber ansonsten unterscheidet es sich von den anderen Standorten. Denn die Speisekarte tendiert deutlich mehr in Richtung Bistro und listet (von einigen Gosch-Klassikern abgesehen) vor allem kleine Leckereien auf. Ein optisches Highlight ist die Bar: der perfekte Ort für einen langen Abend nach dem Sonnenuntergang. Im „Gosch am Strand" wird klar, was Sylter Immobilienmakler (von denen es auf Sylt übrigens noch mehr gibt als Gosch-Filialen) meinen, wenn sie immer wieder skandieren: Lage, Lage, Lage! 🐟

25

WESTERLAND AUF SYLT

Salatkogge Sylt

Salatkogge Sylt
Strandstraße 28, 25980 Westerland / Sylt
Telefon 0 46 51 / 2 35 59

Anfahrt
Vom Bahnhof Westerland mit der Buslinie 1 bis „Westerland Alte Post"

Öffnungszeiten
21. Feb. (Biikebrennen) bis Oktober: täglich 9 bis 19 Uhr
November bis 6. Januar: Mo bis Sa 9 bis 18 Uhr

Seit 30 Jahren gehört dieses Geschäft, wenige Schritte von der Kurpromenade und dem Strand entfernt in einer netten Fußgängerzone gelegen, zu den Institutionen der Insel. Es ist etwas unscheinbar und deshalb immer noch einer dieser Geheimtipps, von denen es nicht mehr viele gibt. Am besten achtet man einfach auf ein Schaufenster, an dem sich die Flanierenden die Nase platt drücken – dann ist man richtig.

Zu sehen gibt es dort eine riesige Vielfalt an hausgemachten Meerestier-Salaten, deren Rezepte der Inhaber René Bützer vor 15 Jahren von der Gründerfamilie übernahm und im Laufe der Zeit an die heute gewünschte Leichtigkeit angepasst hat. Über 30 Kreationen werden hier täglich frisch zubereitet, wobei das Angebot an Klassikern jeden Tag um saisonale oder einfach neue, kreative Schöpfungen ergänzt wird.

Abgesehen von den Salaten ist die „Salatkogge" berühmt für den selbst marinierten Matjes, den man unbedingt probieren sollte! Die wunderbar zarten Heringsfilets machen ein Fischbrötchen zum unvergesslichen Genuss. Ob Matjes, *Krabben*, *Makrele* oder Bismarckhering: Immer wird das knackige Brötchen frisch nach den persönlichen Vorlieben der Kunden und mit einem Lächeln zubereitet. Die „Salatkogge" macht einfach nur Spaß, weil es hier so unprätentiös zugeht,

Tja, es gibt noch Geheimtipps auf Sylt, die „Salatkogge" ist einer davon

man sich auf sein Handwerk versteht und die Klasse der Masse vorzieht. Das Ergebnis ist ein Geschmackserlebnis wie bei Muttern zu einem Preis, der auf Sylt selten geworden ist.

Da für den Vor-Ort-Verzehr nur einige wenige Stehtische bereitstehen, sollte man sich die Salate, seine Fischbrötchen oder den ebenfalls erhältlichen Räucherfisch für ein Picknick am Strand oder das Abendbrot auf der Terrasse einpacken lassen. Und die gute Flasche Wein gibt es bei der „Salatkogge" praktischer Weise gleich dazu.

Schlechtwetterbaden

Keine 50 Meter von der „Salatkogge" entfernt liegt eine der beliebtesten Attraktionen der Insel, das Freizeitbad „Sylter Welle". Die Schlecht-Wetter-Alternative zum Strand auf 4600 Quadratmetern mit Außen-, Wellen-, Sprudel- und Massagebecken, drei Wasserrutschen, einer riesigen Saunalandschaft mit Grotte und Außenbereich sowie einem großzügigen Bereich für die kleinen Badegäste lässt keine Wünsche offen.
Mo bis So 10 bis 22 Uhr.
(*www.sylterwelle.de*)

26

WESTERLAND AUF SYLT

Blum's Fisch-Delikatessen

Blum's Fisch-Fachgeschäft
Neue Straße 2,
25980 Westerland/Sylt
Telefon 0 46 51/83 50 14

Filialen Westerland
Seafood Bistro: Neue Straße 4,
Telefon 0 46 51/2 94 20
Kleines Bistro: Gaadt 2a,
Telefon 0 46 51/2 20 33

Filiale Wenningstedt
Westerlandstraße 8,
Telefon 0 46 51/47 10

Filiale Tinnum
Mittelweg 7,
Telefon 0 46 51/34 01

Öffnungszeiten
Täglich 8 bis 19 Uhr,
im Sommer bis 21 Uhr

Seit 40 Jahren ist „Blum's" auf Sylt die erste Adresse für frischen Fisch und bei Fans von lecker belegten Fischbrötchen beliebt. Die Brüder Walter und Karl-Heinz Blum legten in den 70er Jahren den Grundstein für ihr Unternehmen, und mit Diana steht die nächste Generation schon in den Startlöchern bzw. hinter dem Gourmet-Tresen.

Die kunstvoll arrangierte Auslage der Westerländer Filiale an der Neuen Straße allein ist schon einen Ausflug wert. Diese Auswahl an frischen Meeresfrüchten, (lebenden) *Hummern* und *Karpfen* sowie immer wieder auch Raritäten und besonderen „Catch of the day"-Angebo-

Wünsch dir was
Leicht zu Fuß von der Wenningstedter Filiale zu erreichen ist das neue touristische Herz des Ortes. Das „Haus des Gastes" ist nicht nur aufgrund der tollen Lage direkt am Kliff ein Highlight. Eingeweiht zum Jahreswechsel 2014/15, beherbergt es neben dem großen Veranstaltungssaal mit ganzjährig wechselndem Programm auch die Anlaufstelle für alle Gäste und ihre Wünsche.

Mal ganz unverblümt gesagt: Nicht nur bei Gosch gibt es gute Fischbrötchen

ten ist nur durch das zu toppen, was die Zentrale mit angeschlossener Räucherei in Tinnum kurz vor Feiertagen bietet: Das muss man gesehen haben!

Damit es aber nicht beim Sehen bleibt, haben die Blums direkt neben den auf Eis liegenden Köstlichkeiten eine Öffnung in die Hauswand eingebaut – die Fischbrötchenklappe. Schlau gemacht, denn aus dieser duftet es so herrlich, dass es die Genießer aus den nur wenige Schritte entfernten Flaniermeilen Friedrich- und Strandstraße magisch

anzieht. Üppig belegte Brötchen, die eine Augenweide sind, lohnen den kurzen Abstecher. So mancher Sylt-Urlauber schwört, dass die mit Lachs oder Brathering belegten Semmeln die besten der Insel seien. Wem der Sinn nach mehr als einem Fischbrötchen steht, dem seien die Bistros von Blum empfohlen, die durch sehr gute Qualität der Speisen glänzen. Hier entstehen dank viel Leidenschaft und einem feinen Gespür für die eigenen Produkte perfekte Ergebnisse. Und Tipps für das Nachzaubern zu Hause gibt es auf Wunsch gratis dazu. 🐟

27

LIST AUF SYLT

Gosch –
Die nördlichste Fischbude

Gosch
Am Hafen, 25992 List / Sylt
Telefon 0 46 51 / 87 04 01

Anfahrt
Vom ZOB Westerland mit der Buslinie 1 bis zur Haltestelle „List-Fähre"

Öffnungszeiten
Täglich von 10 Uhr bis Feierabend

Dies ist die Keimzelle einer beispiellosen Karriere rund um das Fischbrötchen. Der aus Tönning stammende gelernte Maurer „Jünne", wie der Sylter Fischpapst Jürgen Gosch gern genannt wird, hat nicht nur eine Marke geschaffen, die Millionen wert ist, vielmehr hat er es geschafft, der schnöden Tätigkeit „Fisch verzehren" einen unverwechselbaren Namen zu geben, nämlich seinen! „Goschen gehen" ist ein feststehender Begriff und gehört zu einem Sylturlaub wie Meer und Wind und das zurecht.

Ganz am Anfang verkaufte Jünne geräucherten Aal am Strand aus einem Bauchladen heraus, später folgte die erste richtige Bude. Und zwar genau dort, wo heute am Hafen noch die Brötchenstation

mit soliden Produkten zu finden ist, mit Grill- und Backfisch und allem erdenklichen Pipapo. Gewachsen ist die erste Bude stetig und das nicht zu knapp.

Zum Gosch-Ensemble am Lister Hafen gehören inzwischen die Restaurants „Hafendeck", „Knurrhahn" und „Lister Fischhaus", die „Alte Bootshalle" mit großer Bratstation und einer Bar in einem ausgedienten Krabbenkutter und der „Lister Fischmarkt" in der „Alten Tonnenhalle" mit eigener Bäckerei und gut verpackten Spezialitäten. Und doch gibt es hier immer noch ein wenig von der Ursprünglichkeit vergangener Tage: Wenn der Chef persönlich hinter dem Verkaufstresen steht, bereitet er denen, die ausnahmsweise mal keinen Appetit

Von List aus startete Jürgen „Jünne" Gosch seine Fischbrötchen-Karriere

auf Fisch haben, ein Marmeladen-
brot, so wie früher. Nicht nur in
List gibt es immer wieder Neues
von Gosch: Das „Bermuda-Dreieck"
in der Westerländer Friedrichstraße,
bestehend aus „Schlemmer-Eck",
„Fisch-Bistro Anna Gosch" und
„Gosch's Kneipe", wurde jüngst um
den „Gosch-Markt" mit Fisch, Wein
und Gedöns in der *Boysenstraße 1*
erweitert. Insgesamt 30 weitere
Gosch-Ableger gibt es auf Rügen,
Norderney, auf dem Festland und
auf den Weltmeeren (Mein Schiff 1,
2 und 3). Da scheint es nur eine
Frage der Zeit zu sein, wann die ersten Gosch-Fischbrötchen auch in
der Luft erhältlich sind. 🐟

Naturgewalten
Was die wenigsten wissen:
Jürgen Gosch unterstützt den
Küstenschutz und gehört auch
zu den Mitbegründern des
„Erlebniszentrum Naturgewal-
ten Sylt". Hier erfahren Sie alles
über Flora und Fauna auf Sylt
sowie über Ebbe und Flut an der
Nordseeküste – Sturmgetöse inbegriffen. Das Erlebniszentrum
finden Sie nahe des großen
Parkplatzes an der *Hafenstraße
37* und ist immer einen Besuch
wert! *www.naturgewalten-sylt.de*

Makrele
*

Selbst Leuten, die eher selten Fisch essen, dürfte die *Makrele* (*Scomber scombrus*) schon mal in den Regalen eines Supermarktes begegnet sein: als eingeschweißter Räucherfisch oder als Konserve mit Tomaten- oder Currysauce. Als halbwegs kulinarisch interessierter Mensch sollte man um diese Darreichungsformen eher einen Bogen machen, nicht aber um die Makrele selbst, denn diese gehört wahrlich zu den Top 5 der schmackhaftesten heimischen Seefische. Gerade frisch über Buchenholz geräucherte Makrelen entfalten ein besonders volles und würziges Aroma – im Fischbrötchen sucht der Geschmack seinesgleichen! Das Fleisch ist mit fast 10 Prozent Fettgehalt zwar sehr mächtig, es enthält jedoch reichlich Omega-3-Fettsäuren. Mit 100 Gramm Makrele deckt ein Erwachsener seinen Tagesbedarf von 2,5 Gramm dieser lebensnotwendigen Fettsäuren. Als naher Verwandter der Tunfische durchstreift die Makrele im Schwarm den Atlantik und das Mittelmeer und kommt im Sommer in großen Stückzahlen an die Küsten der Nord- und Ostsee und wird dort auch von Anglern gefangen. Als biologische Besonderheit besitzt die Makrele keine Schwimmblase und muss daher ständig in Bewegung bleiben, um nicht wie ein Stein im Meer zu versinken.

Lachs

*

Was für einen Grizzly gut ist, kann für uns nicht so schlecht sein. Wer kennt nicht die Bilder aus Kanada, wenn die Grizzly-Bären alljährlich im Hochsommer in den Flüssen auf den *Lachs (Salmo salar)* warten und sich an ihnen satt fressen? Denn Lachse, egal welcher Art, verbringen die meiste Zeit ihres Lebens im Meer, um dann zum Laichen in die Flüsse aufzusteigen. Dabei überwinden sie auch Hindernisse wie Wasserfälle oder Wehre ohne Probleme. Wer wie ein Grizzly essen will, muss allerdings im Handel ausdrücklich „Wildlachs" kaufen, der vorwiegend in Alaska gefangen wird. Denn die meisten Lachse, die bei uns angeboten werden, stammen aus norwegischen Fischzuchtfarmen. Dem Geschmack tut das keinen Abbruch, der Atlantische Lachs gilt immer noch als König der Speisefische, was auch daran zu erkennen ist, dass andere Fische wie Seelachs oder Lachsforellen eine nicht vorhandene Verwandtschaft zum Lachs suggerieren wollen. Salmo salar kann bis zu 1,50 Meter lang und 25 Kilogramm schwer werden. In den fünfziger Jahren des vergangenen Jahrhunderts starb er in Deutschland aus, in den vergangenen Jahren sind allerdings erste Erfolge bei zahlreichen Wiederansiedlungsverfahren erzielt worden.

HELGOLAND

Bielefelder Hof

Bielefelder Hof
Hapot Wai 43, 27498 Helgoland
Telefon 0 47 25 / 12 30

Öffnungszeiten
April bis Ende Oktober: täglich 9 bis 18 Uhr

Schon seltsam, dass ausgerechnet ein Hotelrestaurant auf Helgoland mit dem Namen „Bielefelder Hof" wegen seiner Fischbrötchen gerühmt werden soll. Aber die erste Adresse für die maritime Zwischenmahlzeit ist der „Bielefelder Hof" auf Deutschlands einziger Hochseeinsel allein schon historisch gesehen. Denn es waren die Eltern des jetzigen Inhabers Rudolf Mensendieck, die bereits 1977 schlendernden Helgolandbesuchern Fisch im Brötchen „auf die Faust" aus dem Fenster heraus verkauften. So ist es auch am Laden zu lesen: „Seit 1977 – Helgolands älteste Fischbrötchen Manufaktur".

Zu verfehlen ist der Fischbrötchenverkauf des „Bielefelder Hofs" an Helgolands Flaniermeile Lung Wai auf keinen Fall. Und somit ist er auch kein Geheimtipp, sondern eine äußerst beliebte Anlaufstelle

für die vielen Tagestouristen und Urlauber, aber auch für die Helgoländer selbst.

Unter Garantie wird man von Rudolf Mensendieck mit einem Schnack begrüßt. Da steht zum Beispiel ein Paar mittleren Alters vor seinem Tresen. „Der Herr kommt für die Dame auf?", fragt Mensendieck ebenso charmant wie schalkhaft. Als der bejaht, erfahren alle Anwesenden Mensendiecks Theorie dazu: „Dann wird der Herr ja gut gehalten! Meistens zahlen die Frauen." Eine Dame und ein Herr wünschen zweimal Bismarckbrötchen und möchte sie einzeln verpackt haben. Mensendiecks Schnurrbart zuckt schon wieder verdächtig. Und richtig – er haut wieder einen raus: „Na, wenn Sie sich trennen wollen, meinetwegen!" Die Fisch-Snacks, die Rudolf Mensendieck über den aufgeräumten

Fisch & Schnack: bei Rudolf Mensendieck sind Sie an der richtigen Adresse

Tresen reicht, hat seine Frau Doris gerade eben frisch belegt.

Die Brötchen sind knackig, der appetitliche Belag reicht von Matjes und Brathering aus der sauren Abteilung bis hin zu heißem Backfisch mit Remoulade oder Knoblauchsauce. Qualität ist eine der Leidenschaften Mensendiecks. Eine andere ist das Sammeln von Briefmarken und Telefonkarten mit Helgolandmotiven, die auch seinen Fischimbiss schmücken. Darüber kann er so viel erzählen wie über Fisch.

Aber auch über seine Gäste weiß er faszinierend gut Bescheid, vor allem über die, die Jahr für Jahr auf Helgoland Quartier beziehen und ihre Fischbrötchen bei ihm kaufen – für alle hat er die passende Art.

Die Börteboote: Nicht nur für das Aus- und Einbooten zu gebrauchen

Helgoland von außen

Sie gehören zu Helgoland wie die Lange Anna und das Knieper-Essen, die Börteboote. In den Sommermonaten kommen die Passagiere der Seebäderschiffe gleich zweimal am Tag in den Genuss, sich auf einem dieser schweren Eichenholzboote durchschaukeln zu lassen – mittags nach der Ankunft, nachmittags vor der Rückfahrt. Es soll Landratten geben, die nach dem Ausbooten stöhnen: „Nie wieder!". Dabei gibt es keinen Grund, bange zu sein: Die Börteboote mit ihren kräftigen Dieselmotoren sind absolut hochseetauglich. Gäste der Hochseeinsel, die für ein paar Tage bleiben, sollten sich im Hafen erkundigen, wann die nächste Rundfahrt um den Felsen angeboten wird. Das kostet nicht viel (um die 10 Euro pro Person) und ist ein Erlebnis. Sollte der Käpt'n zum Schnacken aufgelegt sein, erzählt er unterwegs auch was über Helgoland. Zusatz-Tipp: Bei perfektem Wetter (warm, trocken, sonnig und glatte See) gibt es hin und wieder zu vorgerückter Stunde einen romantischen Dämmertörn.

DER NORDOSTEN

Ein Schlachter, der auf Fischhandel umgestiegen ist, ein Raumausstatter, der aus Leidenschaft **Ostseefischer** wurde, zwei eingefleischte Fischbrötchen-Fans, die als **Quereinsteiger** ihre eigene „Fisch-Bar" eröffneten, eine Fischbuden-Inhaberin, die mit ihren siebzig Lenzen noch längst nicht ans Aufhören denkt: In diesem Kapitel gibt es wieder einige Geschichten über interessante Menschen zu erzählen, die für Schleswig-Holstein-Gäste und Einheimische täglich **feinste Fischspezialitäten** zubereiten. Was deren Fischbrötchen-Imbisse zudem empfehlenswert macht, sind ihre Standorte: Setzen Sie sich nur mal an einem **Sommertag** vor die „Fischküche" im Hafen von Laboe – das hält jeden Vergleich mit mediterranen Urlaubsorten stand!

29

FLENSBURG

Bens Fischhütte

Bens Fischhütte
Museumshafen Flensburg / Bollwerk, 24937 Flensburg

Anfahrt
Vom Bahnhof Flensburg mit der Buslinie 1 bis zur Haltestelle „Flensburg Schifffahrtsmuseum"

Öffnungszeiten
März bis Oktober: täglich 12 bis etwa 19 Uhr

„Tag für Tag weht an uns vorbei, bringt das Boot in den Wind. Und ein Kuss und ein Tag im Mai, sei nicht traurig, mein Kind ..."

Traurig müssen Sie nicht sein, wenn Sie hier bei „Bens Fischhütte" erst einmal angedockt haben. Es gibt kaum einen besseren Platz an der Flensburger Innenförde, um dieses Lied von Rio Reiser zu singen und innerlich zu frohlocken.

Sollten Sie aber gerade in eins der großen, frisch aufgebackenen Baguette-Brötchen mit Backfisch gebissen haben, das Ihnen Betreiber Ben Heinrich durch die Verköstigungsluke gereicht hat, können Sie die Melodie wenigstens summen. Im Museumshafen, umgeben von Traditionsseglern, begreift der Fischbrötchenfreund schnell, dass

Kuchen mit Livemusik
Gönnen Sie sich nach dem Fischbrötchen etwas Süßes und eine Kaffeespezialität im „Werftcafé" (*Telefon 01 60 / 93 73 13 32*), nur ein paar Meter entfernt von „Bens Fischhütte". Vis-à-vis der einladenden Terrasse wird an historischen Booten gewerkelt, und mit ein wenig Glück erleben Sie Live-Musik vom Feinsten. Sollte dann auch noch zufällig das Flensburger Duo „Pajazzo" hier auftreten, haben Sie einen Volltreffer gelandet (*www.pajazzo-musik.de*).

Bens beste Backfisch-Baguette-Brötchen: Sattmacher vom Feinsten

er hier am richtigen Ort vor Anker gegangen ist.

Mit dem wohlschmeckenden Kaventsmann in der Hand sitzt man hier ganz entspannt an der Hafenkante und lässt die Beine über den Holzsteg baumeln. Während der Genießer die vorzügliche Remoulade vom Brötchenrand leckt, laufen vielleicht gerade der historische Haikutter „Bodil" oder der Salondampfer „Alexandra" vorbei.

Daher ist es kein Wunder, dass Bens schwarze Hafenwachhütte ein höchst beliebter Treffpunkt ist. Viele Stammgäste kommen täglich auf ein Brötchen oder Bier und einen Schnack vorbei; die Skipper von den alten Seglern sind bei Ben Heinrich sowieso zu Hause. Ein Ausflug hierhin wird noch lohnenswerter dadurch, dass „Bens Fischhütte" seit kurzem direkt aus Maasholm von „Fisch Petersen" beliefert wird – inklusive dänischer Sild für das Brötchen, extrem lecker und nur selten zu bekommen.

Wie heißt es so schön am Schluss der Rio-Reiser-Ballade: *„… dann wir werden uns wiedersehn".* 🐟

30

LANGBALLIGAU

Odinfischer Bistro

Odinfischer Bistro
Strandweg 6 (Hafenmole), 24977 Langballigau
Telefon 0 46 36 / 9 79 65 42

Anfahrt
Vom ZOB Flensburg mit der Buslinie 1602 bis zur Haltestelle „Langballigau"

Öffnungszeiten
April bis Oktober: täglich 10 bis 22 Uhr, Fr, Sa, So bis zur Dämmerung

Eigentlich kann man nur einen einzigen Fehler machen, wenn man einen Ausflug nach Langballigau plant: Man entscheidet sich fürs Auto – wie viele andere auch. Glauben Sie uns: Das geht meist schief und Sie finden keinen freien Parkplatz für ihr Vehikel.

Besser Sie nehmen das Fahrrad, speziell bei schönem Wetter scheint das idyllische Fleckchen auf Ausflügler magische Kräfte auszuüben. Dann pulsiert in dem kleinen Yachthafen das maritime Leben – und bei Familie Lehuniak ist Fischbrötchen-Alarm. „Odinfischer" heißt ihr gemütliches Bistro direkt an der Mole am Hafen.

Seit 2008 gibt es im „Odinfischer" allerfeinste Fischbrötchen. Karin Lehuniak und ihre Leute schmeißen den Laden, Ehemann Harald sorgt für Nachschub von hoher See. „Als mein Vater von mir hörte, dass ich Fischer werden will, hat er mir gleich eine geballert", sagt Harald; so lernte er erstmal notgedrungen Raumausstatter. Doch die Sehnsucht nach Meer und Fischfang ließ ihn nicht los; bald 40 Jahre fährt er nun schon als Nebenerwerbsfischer vom Hafen Langballigau hinaus auf die Ostsee. „Da kennt man irgendwann die Riffs und Kanten, wo 'n paar Fische sind."

Ab und an begleitet ihn sein Sohn Christopher auf den Fangfahrten, doch der Junior bleibt immer öfter an Land, kümmert sich um die Kundschaft und hilft im Laden, wenn Not am Mann ist. Zudem ist Christopher öfter mal

Ein Ausflugsziel par excellence – der gemütliche Hafen von Langballigau

in Bereitschaft: als Freiwilliger der Deutschen Seenotrettungsgesellschaft. Eben auch, wenn Not am Mann ist.

Gut, dass Vater und Sohn ihre Karin haben. „Ohne Karin könnten wir einpacken", so der Senior. Das der „Odinfischer" so gut läuft, liegt sicherlich auch an der charmanten Crew, die der Chefin seit Jahren zur Seite steht. Aber nicht nur deshalb kommen die Gäste scharenweise. Beim „Odinfischer" liegen keine fertigen Fischbrötchen in der Auslage: Jedes Brötchen wird frisch aufgebacken und belegt, zum Beispiel mit Backfisch, Matjes oder Räucherfisch von „Fiete Föh" in Kappeln.

Zum Eins-a-Fischbrötchen 'ne Pulle Flens mit 'nem lütten „Kutterdiesel" oder einen der leckeren, kühlen Sommerweine und mit Westblick auf die Ostsee ein Sonnenuntergang „deluxe". Wer dann in einem der Strandkörbe vor dem „Odinfischer" sitzt, hat verloren, im besten Sinne des Wortes.

Frischfisch

Fast täglich (abhängig von der Wetterlage) landen die Fischer von Langballigau im Hafen ihren Fang an. Zu wirklich sehr moderaten Konditionen können Sie hier *Scholle*, *Dorsch*, *Seelachs* oder anderen Plattfisch frisch vom Kutter kaufen, küchenfertig. Mit ein bisschen Glück ist auch mal ein *Steinbutt* dabei. Den bereiten Sie im Ofen zu, ganz schlicht mit Olivenöl, Rosmarin und Meersalz – eine Delikatesse!

Bier bei die Fische
Zwei Sterne Fischbrötchen-Rezepte

Im Norden sagt man: „Een Ick ohn Du is een Noors." Was soviel heißt wie: Wer sein Flens alleine trinkt, ist kein netter Zeitgenosse. Ein Flens alleine zu genießen, ist aber auch nicht nötig – einfach ein Fischbrötchen dazu bestellen und fertig ist das Norddeutsche-2-Gängemenü. Denn tatsächlich ist im Norden das Flens zum Essen ebenso beliebt wie im Süden der Wein. Kein Wunder, denn die Flensburger Brauer verarbeiten, wo immer möglich, Zutaten aus unserer Region, z. B. *Küstengerste* aus Schleswig-Holstein und Brauwasser aus der *Flensburger Gletscherquelle*. So gehört das *plop'* aus Flensburg seit dem Gründungsjahr der Brauerei 1888 zum guten Ton der norddeutschen Küche.

Mit dem Zwei-Sterne-Koch Dirk Luther *(Foto, r.)* vom Alten Meierhof in Glücksburg haben die Flensburger Brauer und ihr Geschäftsführer Andreas Tembrock-

haus *(Foto, l.)* das kulinarische Potenzial der Paarung Flens und Fischbrötchen weiterentwickelt. Auf den nächsten Seiten stellen sie uns ihre Auswahl feinster Flens-Burger-Rezepte vor, ergänzt durch eine kleine Bierkunde der passenden Sorte Flens.

Baguettebrötchen
mit Nordsee-Krabben,
Avocado und Tomate

Zutaten für 4 Personen
200 g Nordsee-Krabben, 2 EL Avocadowürfel,
2 EL Gurkenwürfel, 1 EL Tomatenwürfel, 1 EL Rapsöl, Pfeffer
aus der Mühle, ½ Bd. Brunnenkresse, gewaschen und gezupft,
50 g Butter (zimmerwarm), ½ Bd. Dill, fein geschnitten,
1 Schale Gartenkresse, 4 Baguettebrötchen, halbiert

Zubereitung

Die Krabben mit dem Rapsöl vermengen. Tomaten-, Avocado- und Gurkenwürfel unter die Krabben heben. Mit etwas Pfeffer abschmecken. Den Dill mit einem Schneebesen vorsichtig unter die Butter schlagen. Die Baguettebrötchen aufschneiden, mit der Dillbutter bestreichen, mit den Brunnenkresseblätter belegen und die Krabben sowie die Gartenkresse dekorativ darauf verteilen. Brötchendeckel aufsetzen und servieren. *Mohltied!*

Originalrezept von 1955, vollmundig, besonders aromatisches Bukett

So passt das vom Feinsten

Flensburger Pilsener

Das Flensburger Pilsener wird mit hellem Pilsener-Malz gebraut, dessen Ursprung in hochwertiger, nordischer Gerste liegt. Veredelter Hallertauer Bitterhopfen verleiht dem Klassiker der norddeutschen Biere seine feine Bittere. Es passt gut zu jeder Art von Fisch, besonders zu Bratheringen *mit Sauce Tatare, eingelegten Zwiebeln und jungen Kopfsalatherzen, serviert im Baguettebrötchen.*

Flensburger Dunkel

Das geheimnisvolle Antlitz des Flensburger Dunkel entsteht durch ein Cuvée von Malzen aus bodenständiger Küstengerste sowie bayrischer Spezialmalze. Sehr schöner Geschmackspartner einer geräucherten Buttermakrele *an Tomaten-Chilimarmelade mit eingelegter Paprika, Maiskörnern, roten Zwiebelstreifen und Römersalatherzen. Alles im Vollkornbrötchen.*

Flensburger Kellerbier

Das bernsteinfarbene und vollmundige Flensburger Kellerbier erhält seine Farbe durch die Verwendung von fränkischen Spezialmalzen, die neben Küstengerste aus Schleswig-Holstein zum Einsatz kommen. Die milde malzaromatische Note des Bieres passt bestens zu einem Hamburger Butterbrot: geräucherte Schillerlocke*, Scheiben vom gekochtem Ei und Spitzkohlsalat, Cornichonscheiben und Petersilienschmand. Alles auf einem halbem Brötchen mit einem Deckel aus gebuttertem Schwarzbrot.*

Flensburger Radler

Ein außergewöhnliches Gipfeltreffen erleben wir beim Flensburger Radler: Pilsener trifft Zitronenlimonade – ein erfrischend herbes Flens mit deutlicher Zitronennote. Für alle, die es gern fruchtig mögen empfehlen wir dazu ein Sesambrötchen mit Eismeer-Shrimps *in Currymayonaise, Apfelscheibchen vom Granny-Smith sowie Mangowürfel, Orangenfilets, Wasserkresse und Friseesalat.*

Flensburger Malz

Liebhaber alkoholfreier Erfrischungsgetränke schätzen das Flensburger Malz. Es ist kalorienarm, verfügt dabei aber über einen außerordentlich malzaromatischen Charakter. Dieses Flens ist ein toller Partner von Stremellachs *mit Hüttenkäse, serviert in einem mit Brunnenkresse-Meerrettich-Sauerrahm bestrichenen Brötchen, ergänzt mit geraspelten Rettich und Chicoree-Salat.*

Flensburger Gold

Zum angenehm milden, schlanken Flensburger Gold, weich im Geschmack durch seine feinen Hopfenaromen und – goldstrahlend, weil mit hellem Karamellmalz gebraut – empfehlen wir Räucheraaltranchen *mit Schnittlauchrührei, Radieschenstreifen, frisch geriebenen Meerrettich und Feldsalat im Vollkornbrötchen.*

Kleiner Tipp für Probierfreudige: Das gesamte Sortiment ist auch online unter www.flensburger.de zu bestellen

31

MAASHOLM

Fisch Petersen

Fisch Petersen
Uleweg 47, 24404 Maasholm
Telefon 0 46 42 / 61 25

Anfahrt
Vom ZOB Kappeln mit den Buslinien 1613 oder 1608 bis zur Haltestelle
„Maasholm"

Öffnungszeiten
Fischfachgeschäft und Räucherei: Mo bis Sa von 8 bis 18 Uhr
Imbiss am Hafen: Mo bis So von 12 bis 19 Uhr
Hafen-Bistro: Mo bis So von 11 bis 19 Uhr
Hafen-Laden: Mo bis So von 9 bis 18 Uhr

Anno 1957: Der gelernte Schlachter Gerhard Petersen, damals 22 Lenze jung, macht sich mit seiner Frau Karla selbstständig und fährt mit seinem Tempo-Dreirad-Kastenwagen übers Land und verkauft Fisch …

Einen Moment mal: Fisch vom Schlachter?! „Man konnte zu dieser Zeit als Schlachter nicht viel Geld verdienen und deshalb ist Vaddern auf Fisch gegangen", erzählt Berndt Petersen, der älteste Sohn. Prima, dass sich der Senior damals für Fisch entschieden hat, ein Haus baute und einen Altonaer Räucherofen in den Hof stellte. Das alles passierte Anfang der sechziger

Jahre. 1970 platzierte er vor dem Haus einen Anbau, um Fische zu verkaufen. Diesen Anbau lassen heutzutage viele Touristen links liegen, auf dem eiligen Weg zum Hafen. Das aber ist ein Fehler!

Nicht, dass es unten am Hafen nicht auch erstklassige Fischbrötchen von Petersen gäbe. Aber den alten Fischladenanbau im Uleweg 47 muss man einmal betreten haben. In diesem Geschäft findet der Fischbrötchenliebhaber alles, was der Gaumen begehrt, und das Ladeninnere ist nostalgisch-schön. Die freundlichen Mitarbeiterinnen belegen die Fischbrötchen stets

Hier braust man schnell vorbei. Lieber mal absteigen und reinschauen!

frisch, und wenn sie dabei dem Kunden mal den Rücken zukehren, sieht man auf der Rückseite der Arbeitskleidung das Wappen von Maasholm. Es zeigt unter anderem einen Elker. Dieser Elker ist ein Spieß, mit dem vor langer Zeit *Aale* im Flachwasser gestochen wurden.

Diese Fangmethode gibt es nicht mehr. Dafür gibt es die Söhne Berndt und Udo Petersen, die das Fischerbe ihres Vaters ausgebaut haben. Abgesehen von den tollen Fischbrötchen der Petersens ist noch etwas hängen geblieben aus Vadderns Schlachterzeit: Im „Imbiss am Hafen", gibt es eine der besten Currywürste im Umkreis, mit einer warmen, hausgemachten, würzigen Currycreme. Und wenn das hier hervorgehoben wird, dann soll das was heißen!

Rund um Maasholm
Maasholm ist gleichermaßen beliebt bei Bootsurlaubern, Wohnmobilisten, Radfahrern und Bikern. Die Website *www.maasholm.de* gibt Auskunft über Liegeplätze im Hafen, den Wohnmobilstellplatz und die Termine für Hochseeangelfahrten und Motorradgottesdienste. Zudem ist das Fischerdorf Start- bzw. Endpunkt des 180 Kilometer langen Wikinger-Friesen-Radwegs (*www.wikinger-friesen-weg.de*).

32

KAPPELN

Jutta's Fischpavillon

Jutta's Fischpavillon
Nestléweg (Am Südhafen), 24376 Kappeln
Telefon 0 46 42 / 8 19 06 (Räucherei Wolter)

Anfahrt
Vom ZOB Kappeln zu Fuß erreichbar

Öffnungszeiten
März bis Ende Oktober: täglich 11 bis 20 Uhr

Ob man nun will oder nicht, an „Jutta's Fischpavillon" kommt fast jeder vorbei, der Kappeln besucht. Die Fischbrötchenbude von Jutta Wolter steht am Westufer der Schlei, kurz vor der Klappbrücke. Alle, die auf der B 203 unterwegs sind und in dieser Gegend von A nach B wollen, überqueren die Brücke. Selbst die Freizeitkapitäne auf der Schlei können sich nicht an ihr vorbeischummeln, denn solange die Brücke nicht hochklappt ist, kommt hier kein Segler durch.

Da sollte man doch meinen, bei einer so privilegierten Lage kann man anbieten, was man will, die Kunden stoppen auf jeden Fall. Das ist aber zu kurz gedacht: „Gerade hier spricht sich das schnell rum, wenn wir keine gute Ware anbieten.

Das muss immer stimmig sein", sagt Jutta Wolter. Seit 1988 ist das ihr Credo, und es funktioniert „allerbest", wie man hier im Norden so sagt.

Und was lieben ihre Kunden? Veredelten Fisch aus dem Familienbetrieb um die Ecke, im Altonaer Ofen geräuchert, in feinste Marinaden eingelegt oder im Weißbierteig gebacken, alles hausgemacht und ohne Konservierungsstoffe. Und schließlich die exzellenten Brötchen der örtlichen Bäckerei Brix, die der Fischbrötchenmahlzeit den knusprigen Kick geben.

In der Saison steht Jutta jeden Tag hinter dem Verkaufstresen, von 11 bis 20 Uhr. „Solange ich gesund bin, mache ich das hier weiter. Und wenn es mir keinen

Jutta bringt es immer noch Spaß, was man wohl deutlich sehen kann

Spaß bringen würde, würde ich das nicht machen", sagt die Siebzigjährige strahlend. Gut, dass ihr bei diesem Engagement langjährige MitarbeiterInnen zur Seite stehen, die ebenso freundlich und herzlich sind wie ihre Chefin. Demnächst steigt die Tochter mit ins Geschäft ein. Das kann und wird nicht schief gehen – bei den Vorraussetzungen und der Mutter. Wir freuen uns schon darauf.

Immer wieder sonntags

In Kappeln (*Bahnhofsweg*) setzt sich zwischen Mai und September jeden Sonntag um 11 und 14 Uhr eine Museumsbahn in Bewegung. 15 Kilometer werden bis zum Zielbahnhof Süderbrarup zurückgelegt, die Fahrt dauert etwa eine Dreiviertelstunde, dann geht's zurück. Hin- und Rückfahrt: 18 Euro für Erwachsene und 9 Euro für Kinder. Der „Verein der Freunde des Schienenverkehrs Flensburg e. V." bittet um Verständnis, dass bei Ausfall der Dampflokomotive die historischen Waggons von einer ebenso historischen Diesellok gezogen werden (*www.angelner-dampfeisenbahn.de*).

33

KAPPELN

Fischräucherei Föh

Aal- und Fischräucherei Friedrich Föh
Dehnthof 26–28, 24376 Kappeln
Telefon 0 46 42 / 22 74

Anfahrt
Vom ZOB Kappeln zu Fuß erreichbar

Öffnungszeiten
Nebensaison: Mo, Di, Do, Fr 8.30 bis 12.30 Uhr und 14.30 bis 18 Uhr,
Mi und Sa 9 bis 12.30 Uhr
Mai bis Ende September: Mo bis Fr 8.30 bis 18 Uhr, Sa 9 bis 16 Uhr,
So 11 bis 16 Uhr

Karl Wiencke hatte einen Sinn für die Reimkunst. Der einstige Kappelner Lebensmittelhändler und Bierverleger war es, dem der Werbeslogan für die Räucherei Föh einfiel: „Sage Kappeln nie adieu ohne einen Aal von Föh". Der Spruch ist ebenso einprägsam wie die 15 Meter hohen Schornsteine der Räucherei, die das Stadtbild von Kappeln prägen.

Gut, dass es seit den dreißiger Jahren drei davon gibt: Auf dem linken und mittleren Schlot prangt je ein riesiges A und auf dem rechten ein ebenso großes L – ergibt AAL, weithin sichtbar. Unterhalb der Schornsteine befindet sich das Herz der Föhschen Räucherei. Neun Altonaer Öfen werden tagtäglich von Friedrich „Fiete" Föh, seinem Sohn Matthias und den langjährigen Mitarbeitern mit Fisch befüllt. Darunter ein Feuer aus Buchenholz zum Trocknen und Garen der Räucherware; den eigentlichen Räuchervorgang übernehmen glimmende Späne aus Erlenholz. „Die Erlenspäne geben unserem Fisch sein unverkennbares Föhsches Aroma", so Fiete.

Diese über fünf Generationen weitergegebene Räucherkunst hat sich natürlich rumgesprochen. Erst nebenan im schmucken Laden landet das eben Geräucherte in knackigen Brötchenhälften. Aber auch

Der Fiete, sin Fru Ute un sine dree Schosteen von de Rökeree

Fischbrötchenfreunde, die eher mit Matjes & Consorten liebäugeln, werden angesichts der Auswahl große Augen kriegen. Fischsalate, Bismarck und Matjesfilets in hausgemachten Marinaden lassen keine Wünsche offen, ebenso wie die täglich wechselnden Fischgerichte.

Hinter der Fischtheke führt Ute Föh Regie. Die herzliche Chefin und ihre freundlichen Mitarbeiterinnen erfüllen gerne auch Sonderwünsche. „Kieler-Sprotten ins Brötchen, wirklich?" „Jo! Ess' ich mit Kopf und Gräten", so der Kunde. „Kein Problem, geht los." Auch mit dieser etwas ungewöhnlichen Bestellung kann sich der Genießer gleich auf die große Terrasse neben dem Laden setzen oder es sich, wenn's ein bisschen kühler ist oder regnet, im neu errichteten, hellen Anbau gemütlich machen.

Seltene Fischfanganlage

Bei den alljährlich stattfindenden Kappelner Heringstagen wird daran erinnert, dass in der Schlei bei Kappeln Europas letzter voll funktionstüchtiger Heringszaun steht. Das ist eine große Fischfanganlage mitten im Strom und aus Pfählen und geflochtenem Strauchwerk besteht. Die Fische, die das Geflecht als natürliches Hindernis, aber nicht als Gefahr wahrnehmen, folgen den immer enger gestellten Leitarmen bis zum Fangplatz, wo sie dann nicht mehr entkommen können. Den Heringszaun bei Kappeln kann man sehr gut von der Schleibrücke aus bestaunen (*www.heringstage-kappeln.de/ der-heringszaun.html*).

34

SCHLESWIG

Esch am Hafen

Esch am Hafen
Hafengang 2, 24837 Schleswig
Telefon 0 46 21 / 29 02 07

Anfahrt
Vom ZOB Schleswig mit der Buslinie 1504 bis zur Haltestelle
„Schleswig Holm"

Öffnungszeiten
Von Februar bis Mitte Dezember: täglich ab 9 Uhr, Küche 11 bis 21 Uhr

Die meisten Autofahrer, die auf dem Weg in den Norden die A7 befahren, kennen den Anblick. Kurz nach der Ausfahrt Schleswig sieht man ein wirklich häßliches Hochhaus, den Wikingturm. Diese Bausünde aus den Siebzigern markiert das Ende der Schlei, aber auch ungefähr den Standort der besten Fischbrötchenbude in Schleswig.

Knappe drei Kilometer entfernt von dem Ungetüm finden Sie den Imbiss der Familie Esch am Yachthafen, direkt am Wasser. 1998 stand hier lediglich ein kleiner Verkaufswagen, 2005 eröffneten Monika und Karl-Josef Esch ihr modernes Bistro „Esch am Hafen". Seit einiger Zeit schmeißt Tochter Marion Esch den Laden. Die Junior-Chefin und ihr

Team verwöhnen im Sommer die Touristen und fast ganzjährig die vielen Stammgäste aus Schleswig. Wer in Schleswig-Holstein das inoffizielle Prädikat „Hier speisen auch Einheimische" erreicht hat, der hat alles richtig gemacht.

Dass Schleswiger hier gern einkehren, liegt an erster Stelle (diesmal) nicht an den Fischbrötchen. Es sind nämlich die Fischgerichte mit knusprigen Bratkartoffeln, welche die Schleswiger überzeugt haben: Sie sind einfach „oberstes Regal"! Und für den kleinen Hunger gibt es Fischbrötchen. Obwohl: „kleiner" Hunger ...? Lassen Sie sich zum Beispiel mit einem Backfischbrötchen à la Esch im knackigen Brötchen von Bäcker Detlefsen verwöhnen

Hier treffen sich die Fischbrötchenkenner von Schleswig und Umgebung

– danach sind Sie pappsatt. Oder etwa nicht? Der *Fischbrötchen Report* empfiehlt in diesem Fall die „Delle" danach. Die hausgemachten Fisch-frikadellen sind einfach spitze, da sind sich Einheimische und Südländer einig. Und wir Tester sowieso.

Das achte Weltwunder

Wir könnten Ihnen an dieser Stelle einen Bummel durch das idyllische Fischerdorf Holm empfehlen, eine Rundfahrt durch den Schleswiger Hafen oder den Besuch des Wikingerdorfs Haitabu. Wir legen Ihnen aber das „achte Weltwunder" ans Herz, den begehbaren Globus beim Schloss Gottorf. Dieser Riesenglobus befindet sich im Barockgarten des Schlosses und ist ein so genann-ter Hohlglobus: Von draußen gesehen ist er eine Weltkugel, steigt man rein, kann man den Sternenhimmel betrachten. Heute beherbergt das Globushaus eine Rekonstruktion der einst europaweit berühmten Attraktion, die Herzog Friedrich III. von Gottorf um 1650 in Auftrag gab. Bestaunen Sie das Wunderwerk: Infos zu Öffnungszeiten, Preisen etc. unter *www.schloss-gottorf.de*

35

ECKERNFÖRDE

Capella

Capella
Schiffbrücke 8 (im Hafen Eckernförde), 24340 Eckernförde

Anfahrt
Vom Bahnhof Eckernförde zu Fuß zum Hafen

Öffnungszeiten
Von Mitte März bis Anfang November: täglich ab 9 Uhr bis keiner
mehr kommt

Im Hafen von Eckernförde gibt es exakt zwei Originale zu besichtigen, die man sich nicht entgehen lassen sollte: Das erste ist die „Capella", ein alter, fest am Kai vertäuter Fischkutter (Baujahr 1944), auf dem ein netter kleiner Fischbrötchenimbiss gleichen Namens zu Hause ist. Das zweite Original ist Richard Lepianka, genannt Richie, kommt aus Polen, ist 64 Jahre alt und besorgt auf der „Capella" das Räuchern.

Im wahren Leben ist Richie Automechaniker, Bastler und Selfmademan und hat als solcher bereits einiges erlebt. So viel, dass es seinem Chef Claus Lutz einigermaßen schwerfällt, dessen Lebensstationen auf die Reihe zu kriegen. „Nur das Räuchern habe ich ihm

beigebracht", sagt Fischereimeister und Schiffskapitän Lutz über seinen Mitarbeiter. Und dann fügt er noch hinzu, dass Richie ja auch mal Seemann war und es daher kein Wunder sei, dass er mit Fischen umgehen könne. „Er hat Meerwasser im Blut", meint Lutz.

Geräuchert wird auf der „Capella" mehrmals pro Woche und im Hochsommer sogar täglich. Zu haben sind unter anderem *Makrele*, *Hering*, *Aal*, *Heilbutt* und *Sprotten*, die sich prima zwischen zwei Brötchenhälften machen. Probieren sollte man unbedingt den geräucherten Rollmops: Der wird ähnlich wie der herkömmliche Rollmops sauer angemacht, allerdings nicht in einer Marinade, sondern im Ofen gegart. Auch Matjes und

Direkt am Fisch und am Ofen: Richie in seinem Räucherreich

Leinen los

Wer einmal einen selbst gefangenen *Dorsch* in Händen halten möchte, der sollte sich unbedingt zu einem Angeltörn mit der MS „Simone R." anmelden. Die täglichen Ausfahrten werden von Claus Lutz organisiert und starten morgens um 7 Uhr im Fischereihafen, Leihangeln und Zubehör gibt's an Bord, im Preis inbegriffen ist ein deftiger Eintopf nach Seemannsart. Eine Fangarantie kann natürlich nicht ausgestellt werden, aber es heißt, mit leeren Händen sei noch kein Teilnehmer zurückgekehrt (*www.hochseeangeln-eckernfoerde.de*).

Bismarck stammen aus eigener Produktion, ebenso eine nach „Hausfrauenart" zubereitete Remoulade. Die Brötchen werden täglich von einem Eckernförder Bäcker geliefert, und zum Weltfischbrötchentag (Anfang Mai), sogar in Fischform. Überflüssig zu erwähnen, dass man auf der „Capella" auch die berühmten Kieler Sprotten bekommt.

www.odinfischer.de

An Tagen
wie diesem

*

**Auf einem Kutter mit einem Fischer auf die
Ostsee rausfahren und mit ein paar Kisten
Fisch zurückkommen, daraus könnte doch
eine interessante Reportage werden. Dass die
Ausbeute überraschenderweise wesentlich
größer wird als vermutet, hat Tilman
Schuppius** (*Fotos und Text*) **erlebt.**

K napp fünf Uhr morgens, die „Odin" von Harald Lehuniak kann man nicht verfehlen. Abgesehen vom Neonschimmer der Hafenlaternen brennt auf dem Kutter das einzige Licht im Hafen von Langballigau. Es ist so still, dass man das Schnarchen der Freizeit-Kapitäne in ihren Kojen hört. Harald werkelt an Deck und macht das acht Meter lange Schiff klar zum Auslaufen.

„Wir laufen drei Strecken an, wo ich gestern Abend die Netze gesetzt habe. Viel wird das aber nicht. Stauwasser. Das heißt, Krebse, Tang und Schiet aus den Maschen pulen", sagt der Fischer mit gedämpfter Stimme. „Ich rechne mit höchstens ein bis zwei Kisten. Um neun Uhr sind wir wieder zurück". Harald Lehuniak (Jahrgang 1955), kann sowas einschätzen, er hat Erfahrung. Seit mehr als 35 Jahren befischt er von Langballigau aus das Gebiet der Flensburger Außenförde bis hin zum Leuchtturm Kalkgrund. Leise stolpere ich an Bord, der Schiffsdiesel springt an und die „Odin" schleicht sich aus dem Hafenbecken.

Kurz hinter der Hafeneinfahrt gibt der Skipper Gas, mit halber Kraft laufen wir auf die Ostsee hinaus, die ist an diesem Morgen so glatt ist wie ein Spiegel. Am Horizont ahnt man den Sonnenaufgang, der Motor tuckert ruhig vor sich hin. Dann fangen wir eben nichts, denke ich. So einen Moment zu erleben, ist ja auch schon viel Wert.

*

So ähnlich muss es Harald ergangen sein, als er beschloss, seinen Beruf an den Nagel zu hängen und das erste Mal auf Fangfahrt zu gehen. Raumausstatter hat er gelernt, das verhält sich zur Fischerei auf der Ostsee ungefähr so wie heimliches Angeln am örtlichen Dorfteich. Nun strahlt er Gelassenheit aus, und wenn er den Schiffsdiesel anlässt, funkelt es in seinen Augen, Harald darf fischen gehen. Harald Lehuniak ist einer von zirka 300 Fischern, die an der Ostsee der Nebenerwerbsfischerei nachgehen, Tendenz fallend.

„Hier im Hafen von Langballigau sind es gerade mal noch eine Handvoll Fischer, die sich das antun, und der Nachwuchs fehlt," sagt er. Es klingt etwas resigniert. „Schade. Dabei gibt es gerade in den letzten Jahren soviel Fisch auf der Ecke."

Es ist immer noch nicht wirklich hell auf der Ostsee. Die einzige Orientierungshilfe ist ein kleines GPS-Display, das die gesetzten Netzstrecken vom Vorabend anzeigt. „Wir legen den Bug gegen den lauen achterlichen Wind. Der Netzholer zieht uns daran entlang," erklärt Harald. Die „Odin" erreicht die Markierungsfahne vom ersten Stellnetz, bierdeckelgenau, zum Greifen nah.

Als der Fischer die ersten zwei, drei Meter Netz einholt, riecht es nach Tang, und ich sehe nur Krebse und Schiet im Netz – hat er ja gesagt. Mir ist kalt. Harald nicht. Harald hat was entdeckt, ich nicht.

Im Anfangsnetz der ersten Strecke hat sich ein Fisch verfangen. Meiner Einschätzung nach eine Scholle, eine ziemlich große Scholle. „Fängt doch gut an! So eine wollte ich immer mal am Haken haben", meine ich und schaue ihn an. Der Blick, den mir der freundliche Fischer schenkt, kenn' ich aus „Pulp Fiction".

Hobbyangler wie ich sollten sich nie mit Berufsfischern messen, nie frühmorgens um sechs Uhr auf offener See und schon gar nicht, wenn die Scholle keine Scholle ist, sondern ein Steinbutt. Also besser Klappe halten und sich etwas erklären lassen.

Am Vorabend hat Harald drei Strecken gesetzt, jede Strecke ist zwischen 300 und 500 Meter lang. Eine Strecke besteht aus zirka 10 einzelnen Netzen mit einer Netzmaschengröße von 70 Millimetern, zwischen den Netzen einer Strecke gibt es eine Lücke von jeweils einem bis zwei Metern. Die einzelnen Strecken werden von jeweils einer roten Stellnetzfahne gekennzeichnet. Die Stellnetzfahne ist ein Schwimmkörper, der mit einer Kette beschwert ist, die Kette liegt auf dem Meeresboden. Die Kette ist eine zusätzliche Beschwerung, die zusammen mit der Bleileine (am unteren Netzende), die Netze auf dem Grund halten. Die Kette (in manchen Gebieten mit viel Strömung werden auch Anker eingesetzt) und Bleileine bewahren die Netzstrecke vor dem Abdriften in der Strömung.

Die jeweiligen Netze haben oben eine schwimmfähige Führungsleine, unten ist das Netz mit besagter Bleileine beschwert. Das Netz sinkt so immer bis auf den Grund. Das ganze Ensemble heißt dann Stellnetz.

Schon nach der ersten Strecke sind drei Fischkisten voll, voll mit fast allem, was die Ostsee an Plattfisch zu bieten hat: Steinbutt, Kliesche, Flunder, Scholle und Butt.

Bis hierhin nicht schlecht,
aber das war nur der Anfang ...

Harald Lehuniak hat einen dieser richtig guten Tage erwischt, Fische satt

Der Kutter steuert das zweite Netz an. Führungsleine in den Netzholer, und los geht's. Harald grinst übers ganze Gesicht: „Mein erster Dorsch seit Wochen." Noch mehr Dorsch, Köhler und Plattfisch folgen minütlich. Harald pult die Fische im Akkord aus dem Netz, zu kleine schmeißt er wieder ins Wasser, genauso die Krebse. Die kapitalen Fische verheddern sich im Netz. Es kommt soviel Fisch an Bord, dass Harald immer öfter die Winde stoppen muss, um sich eine Pause zu gönnen.

Nach dem zweiten Netz ist es schon eng geworden auf dem Kutter. Die vollen Fischkisten stapeln sich an Deck, und eine weitere Netzstrecke liegt noch vor dem Heimathafen. Unerbittlich, Stück für Stück, zieht uns der Netzholer auch an der letzten Strecke entlang. Meine anfängliche Neugier verflüchtigt sich zunehmend, und mein Jagdtrieb ist auch nicht mehr so ausgeprägt – inzwischen ist richtig, ordentlich Fisch an Deck. Immerhin: Die ersten 50 Meter vom dritten Stellnetz bringen nichts Verwertbares an Bord. Die Lage scheint sich wohl zu entspannen, denk' ich. Dann rückt ja mein Pott Kaffee an Land näher …

Kann es sein, dass sich Fische verabreden, um gemeinsam in die ewigen Fischgründe einzugehen? Vor allem Plattfische? Und warum gerade heute? Weil ein Fotoreporter an Bord ist und sie noch mal groß rauskommen wollen? Meine Vermutung muss stimmen. Die letzten 400 Meter Strecke: zwei bis drei Plattfischkandidaten und andere schmackhafte Ostseebewohner auf geschätzten zehn Netzmetern, so schnell kann nicht mal Harald die Fische aus dem Netz prökeln. Das Fotografieren habe ich längst eingestellt.

Im Sekundentakt klatschen die Fische vor meine Füße. „Warum ist so viel Fisch im Netz?", frage ich. „Sauerstoffmangel, ungewöhnlich warmer Sommer", keucht Harald. „Dann werden die Fische aktiv, schwimmen herum und suchen die Sauerstofflöcher." Löcher zum Stehen an Deck suche ich mittlerweile auch.

Dann, endlich, ist auch der letzte Fisch aus dem Netz und die „Odin" läuft unter Vollgas Richtung Hafen, beladen mit sage und schreibe acht vollen Fischkisten. Zur Erinnerung: Als wir rausfuhren, ging der Fischer von ein bis zwei Kisten aus.

„Klasse, toller Fang, Harald!" Ich muss brüllen, um den Motorenlärm zu übertönen. Der Skipper wirkt jetzt seltsam abwesend, sein Lächeln leicht gequält. Tja, denke ich, es wartet ja auch noch ordentlich Arbeit auf ihn – Fische sortieren, alle sauber ausnehmen, und das bei der Menge.

*

Kaum ist die „Odin" am Liegeplatz vertäut, weiß ich seine Mimik zu deuten: Am Kai, oberhalb des Liegeplatzes, steht ein Pulk von Kunden und Schaulustigen, die nun in die vollen Kisten gucken wie Kinder auf den Gabentisch. „Haben Sie auch Butt?" – „Wann seit ihr denn raus?" – „Wo kann man solches Ölzeug kaufen?" Ein Feriengast fragt: „Wie brät man 'ne Scholle?" – „Ihh! Die lebt ja noch!", kreischt ein pubertierender Teenager. „Zwei Schollen für zwei Personen", sagt einer mit einem Geldschein in der Hand. „Und davon wollt ihr satt werden, wieviel Kartoffeln habt ihr denn?", fragt Harald augenzwinkernd.

Gut, dass Harald einen Sohn hat, der öfter auch mit auf Fangfahrt geht. Nun steht Christopher in seinen Arbeitsklamotten an Vadderns Seite und packt mit an. Gemeinsam verkaufen die beiden den Fisch direkt vom Kutter, beantworten geduldig alle Fragen und geben staunenden Kindern ein paar Seesterne und Krebse zum Anfassen.

Vor 35 Jahren hatte Harald Lehuniak beschlossen, Fischer zu werden und nicht mehr als Raumausstatter Tüllgardinen anzupassen. Damals hat er es wohl schon geahnt: Es gibt immer mal wieder doch kein Stauwasser und auch nicht nur Krebse, Tang und Schiet.

Genau an Tagen wie diesem.

Ein fast alltägliches Ritual:
der Verkauf von Frischfisch direkt
vom Kutter in Langballigau

36

STRANDE BEI KIEL

Fischkiosk Seidentoff

Fischkiosk Seidentoff
Hafen Strande / Strandstraße 44, 24229 Strande
Telefon 0 43 49 / 91 92 81

Anfahrt
Vom Hauptbahnhof Kiel mit den Buslinien 501 / 502 bis zur Haltestelle
„Strande Bad"

Öffnungszeiten
Hauptsaison: Juni bis Ende September, täglich 11.30 bis 18 Uhr
Nebensaison: März und Oktober, täglich (außer Di) 11.30 bis 18 Uhr

Das kleine Häuschen am Hafen von Strande hat in seinem Namen zu Recht den Zusatz „Kiosk". Das ist keinesfalls abwertend gemeint, ganz im Gegenteil: Es gibt nur wenige Fischbrötchen-„Ausgabestellen" an Nord- und Ostsee, die so schlicht daherkommen und dabei so leckere Ware feilbieten.

Fischbrötchen-Fans verdanken das den Betreibern Sonja und Wilfried Barwich, genauer gesagt: Wilfrieds Eltern. Diese fingen hier 1972 ganz klein an. „Schon damals haben wir Kinder in der Saison ausgeholfen, wenn Not am Mann war", berichtet Wilfried Barwich, der den Stammsitz 2012 übernommen hat. Familieneinsatz hat hier Tradition,

und so ist auch der Nachwuchs von Wilfried und Sonja dabei, wenn die Feriengäste vor dem „Fischkiosk" Schlange stehen, und belegen die frisch aufgebackenen Brötchen (der Clou: Roggenbrötchen!) mit geräuchertem Fisch und den üblichen Verdächtigen wie Bismarck, Brathering, *Krabbe* und Matjes, letzterer eingelegt in verschiedene hausgemachte Marinaden.

Apropos übliche Verdächtige: Da fehlt doch noch was? Kleiner Tipp: fängt mit „F" an und hört mit „S" auf – ne, kein Flachs – der gehört nicht ins Brötchen. Feuerlachs ist das Stichwort, ein weiterer Clou der Fischbrötchenoase am Yachthafen von Strande.

Das kleine Büdchen in unserem Hafen, da, wo das Leben noch lebenswert ist

In lockerer Reihenfolge wird diese Seidentoff'sche Spezialität zelebriert. Bei dieser Zubereitungsart, werden Lachsfilets auf Holzbretter genagelt und am offenen Feuer langsam gegart. Wie beim Räuchern sorgt auch hier das gewählte Feuerholz, meist Buche und Erle, für ein besonderes Aroma.

Feste Feuerlachstermine sind der 1. Mai, das Hafenfest, Pfingsten, Vatertag und schließlich der 3. Oktober; weitere Termine werden auf der Website und per Newsletter bekannt gegeben. An diesen Tagen herrscht Hochbetrieb. Dann können Sie wahrscheinlich die gesamte Familie kennenlernen, oder zumindest zuschauen, wenn Anika und Christoph Barwich mithelfen, diese Spezialität ins Brötchen zu befördern, eben immer dann wenn Not am Mann ist.

Fernsicht

Bei klarem Wetter lohnt sich ein Abstecher zum Bülker Leuchtturm. Folgen Sie ab „Fischkiosk Seidentoff" der Strandstraße in nördlicher Richtung, dann kommt der Bülker Weg, der Sie schnurstracks zum Ziel führt. Sie werden begeistert sein von der Rundumsicht da oben. Beginnend in Norden, im Uhrzeigersinn aufgezählt, sehen Sie die Kieler Bucht, die Kieler Förde, das Marine-Ehrenmal in Laboe, die Strander Bucht, den Olympiahafen Schilksee, die Eckernförder Bucht und schließlich den Kieler Leuchtturm auf offener See.

37

KIEL-SCHILKSEE

Goldfisch

Goldfisch
Soling 50, 24159 Kiel-Schilksee

Anfahrt
Vom Hauptbahnhof Kiel mit den Buslinien 501/502 bis zur Haltestelle „Olympiazentrum"

Öffnungszeiten
Ganzjährig: täglich 11 Uhr bis zur Dunkelheit

Merkwürdige Sache: eine Fischbrötchenbude, die „Goldfisch" heißt. Das lässt sich aber schnell erklären. Der „Goldfisch" ist nämlich die Inhaberin Maria Lerdon, die mal zur See fuhr und den Spitznamen bei der rituellen Äquatortaufe bekam.

Seit dem Jahr 2000 gibt Maria Lerdon nun schon den Ton an, zuerst in einem rollenden Verkaufsstand. Später eröffnete sie den 25 Quadratmeter „großen" Hafen-Kiosk, der sich rasch zu einem Fischbrötchen-Eldorado entwickelte.

Sage und schreibe 32 Fischbrötchen-Variationen gibt es hier, darunter das „Schilkseer Spezial": heißgeräucherter Stremellachs mit einer Pfirsich-Basilikumsauce, einem Stück Hirtenkäse und frischem Dill, selbstredend frisch belegt und im krossen Brötchen. Wie wär's mit dänischem Sherry-Matjes mit Honig-Senf-Sauce? Oder mit Lachs, auf Orange gebeizt, dazu eine Sahne-Meerrettich-Honigsauce?

Lukullische Highlights dieser Art locken immer mehr Fischbrötchen-Freunde in das wenig charmante Beton-Ambiente von Kiel-Schilksee, ehemals Olympiazentrum von 1972. „Schilksee war nie ein Anlaufpunkt für Tagestouristen oder die Kieler Nachbarschaft", sagt die „Goldfisch"-Betreiberin. „Die wollten immer nur bis Strande. Da ist es schöner."

Inzwischen hat sich das ein bisschen geändert, der Strandabschnitt ist nämlich gar nicht so übel. Und mit dem „Goldfisch" als

Marias Fischbrötchen sind die reinste Augenweide und geschmacklich 'ne glatte Eins

Wassernahverkehr

Erkunden Sie die Kieler Förde mit der Fördefährlinie 1, die in den Sommermonaten (Anfang Mai bis Anfang September) auf ihrer Strecke Kiel-Laboe-Strande-Kiel mehrmals täglich den Anleger „Schilkseer Brücke" nahe des „Goldfischs" ansteuert. Der Törn von der Kieler Bahnhofsbrücke nach Laboe dauert circa eine Stunde. Von Laboe geht es per Fähre noch einmal 40 Minuten bis zum Olympiazentrum Schilksee. Fahrplan- und Tarifauskünfte unter *www.sfk-kiel.de/de/faehrlinien/foerde*

Anlaufstelle gibt es immer einen guten Grund, hier regelmäßig aufzutauchen und in das Fischbrötchen-Paradies einzutauchen.

38

KIEL

Fischbar

Fischbar
Camp 24, Kiellinie / Reventlouwiese, 24105 Kiel

Anfahrt
Vom Hauptbahnhof Kiel mit den Buslinien 51 bis zur Haltestelle
„Reventloubrücke"

Öffnungszeiten
Von Anfang April bis Ende Oktober: täglich 11.30 bis 20 Uhr

Oh haue ha, ist das hip hier. Die Fischbar ist so trendig, dass der traditionelle Fischbrötchenfreund schon ins Zweifeln geraten könnte, ob er hier richtig ist.

Auch wenn dasLokal auf den ersten Blick so aussieht, als gäbe es hier nur Kaltgetränke mit Obst am Glasrand – lassen Sie sich bitte nicht täuschen, die „Fischbar" ist kein angesagter Beachclub. Eher etwas dazwischen und mit eindeutiger Gewichtung auf Fisch im Brötchen. „Unsere Streifzüge durch Kiel auf der Suche nach einem ordentlichen Fischbrötchen waren meist erfolglos", so Daniel Gieseler und Philipp Dornberger unisono. Um sich weitere Erkundungsgänge zu ersparen, eröffneten die beiden kurzerhand ihren eigenen Laden

direkt an der Kiellinie. Das Konzept von Käpt'n Daniel und Steuermann Philipp ist denkbar einfach: Fisch aus der Region, knusprige Brötchen vom Bäckermeister Günther, ein bisschen Salat und Zwiebeln (norddeutsch: Gedöns) sowie selbstangerührte Soßen. Stellvertretend hierfür steht der schon jetzt zur Legende gewordene „Batzen": Die Fischfrikadelle besteht aus grätenfreiem Hechtfleisch, direkt von nebenan, aus dem Selenter See, mit Remoulade – ein Gedicht!

Seit Mai 2012 werkeln die beiden Enthusiasten nun schon an ihrem Konzept, und sie sind richtig erfolgreich mit ihren Fischbrötchenkreationen. So kann es schon mal passieren, dass der „Batzen" gegen frühen Abend nicht mehr erhältlich

Funky, funky: Philipp und Daniel sowie ihr Top-Hit „Der Batzen"

ist. Machen Sie sich keine Sorgen, Sie finden auch zu diesen „Mangelzeiten" sicherlich eine schmackhafte Alternative. Zum Beispiel den Rotweinhering im „Küstenknacker". Mit Ihrer Beute sollten Sie sich auf das Holzdeck der „Fischbar" verziehen, die vorbei bummelnden Passanten beobachten und auf die Kieler Förde gucken. Dazu die Musik im Hintergrund – das hat dann doch was von Beachclub.

Heringe live

Nach einem guten Fischbrötchen mit Hering macht es Sinn, sich diese flinken Fische einmal live anzuschauen. Besuchen Sie das Aquarium am Helmholtz-Zentrum für Ozeanforschung in der Nähe der „Fischbar" im *Düsternbrooker Weg 20*. Es ist ganzjährig täglich von 9 bis 18 Uhr geöffnet, die Eintrittspreise sind moderat (Erwachsene 3 Euro, Kinder 2 Euro). In den Schaubecken sehen Sie Fische, Muscheln, Schnecken und Pflanzen der Nord- und Ostsee und deren exotische Artgenossen. Die Stars sind aber – ganz klar! – die Seehunde im Außenbecken (*www.aquarium-geomar.de*).

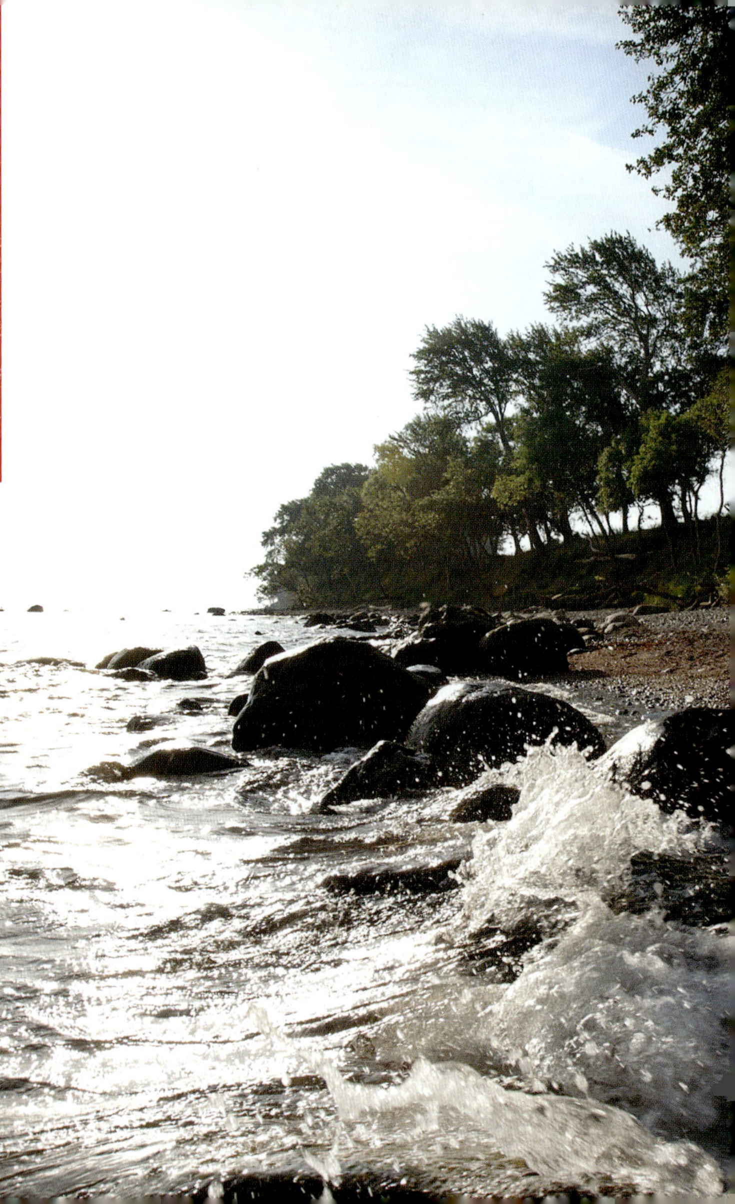

OSTHOLSTEIN

Die Vielfalt der Landschaften und Küstenstreifen Ostholsteins schlägt sich natürlich in diesem Kapitel nieder. Bei „Luv & Lee" am Strand von Hohwacht ist regelmäßig **Hochbetrieb**, dafür sorgen auch Stammkunden aus Lübeck und Kiel. Im Innenhof der Räucherei Böhrk auf Fehmarn geht es friedlicher zu. Allenfalls vormittags, wenn Makrelen und Aale aus den **Altonaer Öfen** genommen werden, bildet sich mal eine Schlange. Ein guter Grund, nach Neustadt zu fahren, ist „Klüver" am Hafen, wo man zum Fischbrötchen ein **kühles Bier** aus der Gasthausbrauerei zischt. Und am Ratzeburger See sollten Sie bei Rüdiger Jobmann vorbeischauen. Der **Binnenfischer** holt täglich Barsche, Aale und Hechte aus dem See. Wenn Sie also Appetit auf eine anständige Fischfrikadelle haben: Jobmann hat sie!

39

LABOE

Fischküche

Fischküche
Hafenplatz, 24235 Laboe

Anfahrt
Vom Hauptbahnhof Kiel mit den Buslinien 100 / 102 bis zur Haltestelle „Laboe Hafen / Wendeschleife"

Öffnungszeiten
Vorsaison: Mitte März bis 31. Mai täglich 10.15 bis 21 Uhr
Hauptsaison: 1. Juni bis 31. August täglich von 10.15 bis open end
Nachsaison: 1. September bis Anfang November täglich 10.15 bis 21 Uhr

Waren Sie schon mal in Saint-Tropez an der Côte d'Azur oder haben Sie schon mal Fotos gesehen von diesem ehemals malerischen Dorf an der französischen Mittelmeerküste? Wollten Sie schon immer mal dahin, wo in den Sechzigern Gunter Sachs mit Brigitte Bardot am Hafen saß?

Bleiben Sie im Lande, genauer gesagt an der Kieler Förde! Wenn Sie im Hafen in Laboe mit den unzähligen Masten der alten Segelyachten auf die von der Sonne beschienene „Fischküche" schauen, dann haben Sie einen Ahnung, warum es Brigitte und Gunter damals so bezaubernd fanden am Mittelmeer.

Entscheidender Nachteil der Côte d'Azur: Es gibt dort keine Fischbrötchen, und vor allem keine „scharfe Gisi"! Das hat nichts mit Politik zu tun, sondern bezeichnet eine feurige Tomatensoße, die auf Wunsch zum Heringsfilet ins Fischbrötchen gegeben wird und die es nur hier in der „Fischküche" gibt. Verantwortlich für diesen Gaumenkitzler und 15 weitere Fischbeläge in knackigen Brötchen ist Torben Drews, Spitzname „Gisela", womit klar sein sollte, woher der Name des speziellen Leckerbissens kommt.

Wie viele andere der Crew ist auch Torben Drews ein langjähriger Mitarbeiter der „Fischküche". Torben organisiert den Fischbrötchen-

Côte d'Azur oder Ostsee? Bei Sonnenschein fast nicht zu unterscheiden

verkauf und belegt stets frisch, Ulf Fißer macht den Küchenchef, Antje Wächter wacht über den Laden. „Hier duzen sich alle", sagt Antje. Wenn es die Zeit zulässt, steht auch der Betreiber Agron Salihu an der Pfanne und hilft seiner Mannschaft, fangfrischen Fisch auf den Teller zu bringen. Der studierte Elektrotechniker und gelernte Koch hat den Laden 2013 von Harald Bruhn übernommen und schwört auf seine Mitarbeiter: „Es bringt echt Spaß mit den Leuten in der Küche". Das Gefühl des „Teamspirits" spürt man und und sieht es. Jedes Jahr zur Weihnachtsfeier schenken alle festen und saisonalen Mitarbeiter dem Chef ein Foto, auf dem sie alle versammelt zu sehen sind. Schauen Sie sich im Laden um und sie werden fündig.

Apropos fündig werden: Für alle notorischen Fischbrötchenver-achter gibt es in der „Fischküche" auch ein extrem leckeres, hausgemachtes Labskaus mit gepökeltem Tafelspitz. Das hat die Côte d'Azur übrigens auch nicht zu bieten. 🐟

Eine Seefahrt, die ist lustig ...
Im Hafen Laboe können Sie eine rasante Schlauchboot-Fahrt mit bis zu 40 Knoten buchen. Dabei könnten Sie allerdings ihre Mahlzeit blitzschnell wieder los werden ... Vielleicht ist es besser, Sie essen erst danach etwas (*www.rib-rally.de*). Gemütlicher ist ein Ausflug mit dem alten Haikutter „Gefion". Beschauliche Törnangebote ab Laboe finden Sie unter *www.gefion-info.de*.

OSTHOLSTEIN

WENDTORFERSTRAND

Fischkutter Søgård

Fischkutter Søgård
Fischereisteg in der Marina Wendtorf, 24235 Wendtorferstrand

Anfahrt
Vom Hauptbahnhof Kiel mit der Buslinie 210 bis zur Haltestelle
„Wendtorf-Marina"

Öffnungszeiten
Fischbrötchenverkauf nur an Wochenenden und Feiertagen,
von April bis Mitte Oktober: 10 bis 16 Uhr. Und wie's kommt …

Ist Ihnen der Zusatz „Und wie's kommt …" bei den Öffnungszeiten aufgefallen? Da soll noch mal einer sagen, die Norddeutschen seien stocksteif! Am und im Fischkutter „Søgård" können Sie das genaue Gegenteil erleben, und dafür sorgt die Fischerfamilie Rönnau.

Heike und Birger Rönnau, ihr Sohn Leif und dessen Frau Nicola sowie die sympathische Crew machen den Kutter „Søgård" allein schon zu einem Erlebnis. Damit aber nicht genug: Die kleine Auswahl an Fischbrötchen ist vom Feinsten, alle stets frisch belegt mit Bismarck, Matjes oder Stremellachs. Das Highlight ist aber die Dorschfrikadelle. Und damit kommen wir wieder zu Leif. Gegen drei Uhr morgens fährt der Fischer mit seinem Kutter „Merle" raus und fängt, je nach Jahreszeit, *Scholle* und *Hering*, alle Arten von *Butt*, ab und an auch *Meerforelle* oder *Lachs* und natürlich *Dorsch*, der dann von den Rönnaus unter anderem zu der sagenhaften Fischfrikadelle verarbeitet wird.

Der Frischfisch ist auch direkt an Bord der „Merle" erwerben. Informieren Sie sich vorher im Internet, was Leif gefangen hat und wann der Verkauf beginnt (*www.fischvomkutter.de/wendtorf*). Dann erleben Sie auch das besondere Flair auf dem Kutter, und vielleicht schenkt Ihnen die nächste Generation der Rönnaus ein Lächeln.

Luca heißt der Knirps, geboren im Dezember 2014. 🐟

Ein freundlicher Empfang ist Ihnen garantiert, leckere Fischbrötchen sowieso

Erlebnis für Augen und Ohren

Schlechtes Wetter, und nun? Vom Fischkutter „Søgård" zu unserer Empfehlung, dem Mediendom der Fachhochschule Kiel, Sokratesplatz 6, fahren Sie mehr als 20 Kilometer, aber der Weg lohnt sich, versprochen! Es handelt sich dabei um ein 360-Grad-Multimedia-Kuppelkino mit einer unglaublich guten Soundanlage. Das wechselnde Programm, mal für Kinder, mal für Erwachsene und ganz häufig für die ganze Familie spricht immer Augen und Ohren gleichermaßen an – so werden Himmelsphänomene erklärt, man kann mit Lars, dem Eisbären, jede Menge Abenteuer erleben, Pink Floyd oder U2 hören und dabei fantastische Bilderwelten genießen oder dem Hörspiel „Die drei ???" – Das Grab der Inka-Mumie" mit raffinierten 3D-Sound-Effekten lauschen. Sollte dieser Tipp Sie neugierig gemacht haben, versäumen Sie es auf keinen Fall, Plätze zu reservieren, bevor Sie ins Auto springen – online unter *www.mediendom.de* oder *telefonisch: 0431/210 17 41* (Di bis Fr 9 bis 11 Uhr und Di zusätzlich 15 bis 17 Uhr).

SCHÖNBERGER STRAND
Fischerhütten

W. Kasten & Sohn
Promenade 1d, 24217 Schönberger Strand
Telefon 0 43 44 / 66 82

Anfahrt
Vom Hauptbahnhof / ZOB Kiel mit der Buslinie 200 bis zur Haltestelle „Schönberger Strand"

Öffnungszeiten
März bis Ende Oktober: 10 Uhr bis zur Dämmerung

Ohne Antje Klein und Gunter Hagelberg wäre hier wahrscheinlich nix, alles „schier", wie der Norddeutsche so sagt. 1989 war es, als der Deich neu aufgeschüttet wurde und die angestammten Fischerhütten nicht mit auf die neue Deichkrone umziehen durften. Die beiden Schönberger organisierten kurzerhand eine Unterschriftenaktion, Motto: „Die Fischerhütten müssen bleiben!". Seien Sie froh, dass die Aktion erfolgreich war, sonst gäbe es dieses einzigartige Fischbrötchen-Eldorado nicht, nur blanker Deich mit ein bisschen Fahrradweg obendrauf. Von links nach rechts reihen sich hier Rönnau, Kruse und Kasten dicht aneinander und bilden zusammen

die „Fischerhütten" vom Schönberger Strand – einzigartig in Norddeutschland. Alle drei Betriebe bieten Brötchen mit Fisch an, bei Rönnau und Kruse gibt es zudem Gebratenes auf den Teller.

Ganz außen, Richtung Nord-West und Abendsonne, haben die Kastens ihr zweites Zuhause, 15 Quadratmeter Hüttengrundfäche mit 45 Außenplätzen. Hier beschränken sich Rolf Kasten und seine Mutter Hildegard (Jahrgang 1934!) auf ihre Kernkompetenz: Fischbrötchen.

Die gibt es am Verkaufstresen in allen klassischen Varianten, mit wenig „Gedöns" wie Salat, Zwiebeln, Tomaten oder ausgefallene Soßen. „Das krosse Brötchen, darin

134

Zwei von fünf Generationen: Hildegard und Rolf Kasten vor ihrer Hütte

die ausgewählte Füllung und gut is", meint Rolf Kasten. Und Recht hat er. Wer einmal den süß-sauer eingelegten Brathering oder eine Fischfrikadelle (beides aus eigener Produktion) pur im Brötchen genießen durfte, wird ihm zustimmen. Dieses „Gewusst wie" ist über mehr als fünf Fischer-Generationen erarbeitet und verfeinert worden.

Kein Wunder, dass Rolf Kasten sagt: „Ich fühl mich immer noch als Fischer." Denn wenn es die Zeit zulässt, tuckert er auch weiterhin raus auf die Ostsee. „Heimwärts" heißt der kleine Kutter, so wie alle ehemaligen Fischkutter der Familie. Der ein oder andere Fisch landet somit fast direkt in Ihrem Brötchen. Wir meinen: „Gut is".

Alte Straßenbahnen
Besuchen Sie den Museumsbahnhof am Schönberger Strand, gerade mal 300 Meter entfernt von der Ostsee. Hier können Sie alte Dampf- und Dieselloks bestaunen und an allen Wochenenden von Ende Mai bis Anfang September auch kleine Fahrten von Schönberg bis Schönberger Strand und zurück buchen. Eine zusätzliche Attraktion des Bahnhofs sind die historischen Straßenbahnen (über 30 Fahrzeuge). Und nun zum Clou: Die Straßenbahnen sind in Betrieb! Auf einem eigenen 1200 Meter langen Rundkurs können Sie noch einmal durch Kurven quietschen und über Weichen rattern – einmalig in ganz Norddeutschland. *www.vvm-museumsbahn.de*

SCHÖNBERGER STRAND

Fischräucherei Ehlers

Fischräucherei Ehlers
Promenade 20, 24217 Schönberger Strand
Deichweg 5, 24217 Kalifornien
Telefon 0 43 44 / 43 76

Anfahrt
Vom Hauptbahnhof / ZOB Kiel mit der Buslinie 200 bis zur Haltestelle „Schönberger Strand"

Öffnungszeiten
Montag bis Sonntag 11 bis 18 Uhr

Wer bei der Sommerurlaubsplanung vor der Entscheidung Schönberger Strand oder Kalifornien steht, kann schon ins Grübeln kommen. Da tauchen wichtige Fragen auf: Ostsee oder Pazifik? Fischbrötchen oder Burger? Nehmen wir das Auto oder das Flugzeug?

Hier hilft Ihnen der Fischbrötchen Report. Entscheiden Sie sich für das „All-in-one"-Paket an der Ostsee. Sie können bequem zwischen den beiden Reisezielen pendeln, da sie keine zwei Flugmeilen (Flugmeile = 1,852 Kilometer) von einander entfernt sind. Der entscheidende Vorteil ist zudem: Sowohl am Schönberger Strand als auch im benachbarten Kalifornien

gibt es im Sommer Fischbrötchen. Zu verdanken ist das der „Fischräucherei Ehlers". Nun schon in der siebten Generation geführt, haben die Ehlers das Räuchern von der Pike auf gelernt, und das schmeckt jeder, der hier mal Räucherrollmops, Stremellachs oder *Heilbutt*, verpackt in frischeste Brötchen der örtlichen Bäckerei Glüsing, probiert hat.

Apropos frisch: In der Hauptsaison können Sie täglich fangfrischen Fisch für den heimischen Herd erwerben. Wenn Sie aber partout nicht in der Küche stehen wollen: Der gelernte Koch Jens Ehlers und seine Mitarbeiter zaubern Ihnen Fischgerichte und eine

**California Dreamin': nicht nur
für die Mamas und die Papas**

hervorragende Fischsuppe auf den
Teller. Und damit stehen Sie wieder
vor einer Entscheidung: Genieße
ich das Fischbrötchen oder das
Fischmahl unten am Imbiss oder
auf der vorgelagerten Terrasse oben
auf dem Deich?

Wenn Sie es sich dann auf dem
Deich gemütlich gemacht haben
und den Blick über die Ostsee
schweifen lassen, können Sie ein
bisschen von der amerikanischen
Westküste träumen. Aber bedenken Sie – dort gibt es keine hausgemachten Fischfrikadellen, geschweige denn Fischbrötchen von
der Familie Ehlers. 🐟

Heimat

Zwei interessante Museen
befinden sich in Schönberg:
Nostalgie pur hat das Kind-
heitsmuseum zu bieten, in dem
gezeigt wird, wie Kinder seit
1890 lebten, spielten und lern-
ten. (*Knüllgasse 16; in den Sommermonaten täglich außer Mo
14 bis 17 Uhr, Do zusätzlich 10
bis 12 Uhr; Telefon 0 43 44 / 68 65;
www.kindheitsmuseum.de*). Auf
eine Zeitreise nimmt Sie auch
das Probstei-Museum mit, eine
prächtige Hofanlage mit einem
Bauerngarten und Fachwerk-
häusern. Thema des Museums:
Alltag, Freizeit und Arbeit der
Menschen, die diesen Hof anno
dazumal bewirtschafteten (*Ost-
seestraße 8–10; in den Sommermonaten täglich außer Mo 14
bis 17 Uhr, Do zusätzlich 10 bis
12 Uhr; Telefon 043 44 / 31 74; www.
probstei-museum.de*).

HOHWACHT

Luv & Lee

Luv & Lee
Strandstraße 15, 24321 Hohwacht
Telefon 01 71/7 70 98 32

Anfahrt
Vom ZOB Lütjenburg mit der Buslinie 350 bis zur Haltestelle
„Strandstraße"

Öffnungszeiten
Mitte April bis letzter Oktobersonntag: * täglich 10.70 (kein Satzfehler!)
bis 20.30 Uhr (Küche schließt eine Stunde früher)
15. Dezember bis 10. Januar: täglich 10.70 Uhr bis Einbruch der Dunkelheit,
Mitte Januar bis Mitte April: Sa, So 10.70 Uhr bis Einbruch der Dunkelheit

Günter Radue ist ein kauziger Typ, was man schon an der ungewöhnlichen Schreibweise seiner Öffnungszeit* erkennt. Knurrig kann er auch sein; nicht umsonst heißt eine seiner Spezialitäten unter Stammgästen auch „Chef-Filet" – hierbei handelt es sich um filetierten Knurrhahn (übrigens sehr lecker!). Ganz besonders lecker sind auch Günters Fischbrötchen. Denn der erstklassige Fisch von regionale Anbietern landet nicht in irgendwelchen Brötchen! „Strandknacker" heißen die Dinger, geliefert vom Bäcker Glüsing. Dafür reisen Tagesausflügler auch schon mal von Kiel oder Lübeck an. So eine Strecke nur für ein, zwei Fischbrötchen? Nicht ganz: Neben der exzellenten Qualität seiner Fischbrötchen schätzen Günters Stammgäste hier auch die heimelige Atmosphäre.

Beim „Luv & Lee" sitzt man direkt an der Strandpromenade, der Blick schweift über die Seebrücke hinaus aufs Meer. Abends liegt die Terrasse im warmen Licht der untergehenden Sonne. Dann kann man hier schon mal hängen bleiben, vor allem, wenn bei einem der erstklassigen Weißweine der zweite Hunger kommt. Sollten die Strandknacker dann ausverkauft

Allein der Rundumblick beim „Luv & Lee" ist die Anreise schon wert

sein, muss das kein Problem sein. Probieren Sie zum Beispiel die raffiniert gefüllte Ofenkartoffel oder Brat- bzw. Backfisch mit Bratkartoffeln oder Pommes.

Toller Blick, guter Wein, leckerste Speisen: alles Zufall? Ganz im Gegenteil: „Luv & Lee"-Besitzer Günter Radue wollte es seinem Vorbild Jürgen Gosch gleichtun. 2008 erwarb Radue den ehemaligen Imbiss in Spitzen-Strandlage und erfüllte sich damit einen Traum. Warum sollte das, was auf Sylt funktioniert, nicht auch in Hohwacht klappen? Wir finden: Es hat geklappt, wobei es aber beim „Luv & Lee" schön familiär zugeht. Und sollte der Chef mal wieder ein bisschen rumknurren, glauben Sie uns: Hinter der rauen Schale steckt ein wirklich netter Kerl. 🐟

Kleine Rundwanderung

Vom „Luv & Lee" sind es nur ein paar hundert Meter zum Sehlendorfer Binnensee. Das Naturschutzgebiet mit Beobachtungsplattform erreicht man vom Strand aus Richtung Sehlendorf oder über den Sandweg vorbei am „Tivoli" bis zur Brücke. Fauna und Flora des Sees, der angrenzenden Schilfgürtel und Salzwiesen weisen eine große Artenvielfalt auf. Mit etwas Glück sehen Sie auch einen der Seeadler kreisen, die hier nisten.

Frische Mische mischt Mischer fritz.

HALB KOLA, HALB LIMO
von fritz-kola

LEMKENHAFEN AUF FEHMARN

Aalkate

Aalkate
Königsstraße 20, 23769 Lemkenhafen / Fehmarn
Telefon 0 43 72 / 5 32

Anfahrt
Von der Haltestelle „Bueg auf Fehmarn Bahnhofstraße / Markt" mit der
Buslinie 5754 bis zur Haltestelle „Lemkenhafen"

Öffnungszeiten
März bis April: täglich 9 bis 19 Uhr (an Feiertagen bis 21 Uhr)
Mai bis September: täglich 9 bis 21 Uhr (im September bis 20 Uhr)
Oktober bis Dezember: täglich 10 bis 18 Uhr (im Oktober bis 19 Uhr)
Januar und Februar geschlossen

„Hier et wi de Aal ut de Hand und schenkt uns de Köm sülm in", so lautet das Motto von Kristian Sejbro. Der junge, schwedisch-blonde Räucherfischexperte ist sympathisch und unkompliziert.

Unkompliziert geht es auch in seiner „Aalkate" zu: einfach reinkommen und sich wohlfühlen. Fischbrötchenliebhaber, die die „Aalkate" betreten, haben schon verloren. Denn das erste, was sie sehen, ist ein prall gefüllter Fischtresen mit allem, was in ein reelles Fischbrötchen gehört. Vor dem Tresen stehen die Kunden meistens Schlange, dahinter be-

legt die freundliche Bedienungen flink jedes gewünschte Brötchen frisch. Dann sind Sie dran. „Was darf's sein?" Sagen Sie jetzt nicht, Sie müssten noch überlegen, dass kommt bei den Wartenden hinter Ihnen nicht so gut an. Geben Sie sich einen Ruck und entscheiden Sie spontan!

Wählen Sie zum Beispiel ein Fischbrötchen mit *Ostseeaal*, der aus der nördlichen Ostsee bei Schweden kommt, oder eins mit Fischfrikadelle plus Curry-Soße und extra Zwiebeln. Egal was Sie wählen, Sie machen nix falsch. Mit der ergatterten Beute in der Hand

Es duftet unwiderstehlich, wenn die geräucherten Aale über den Hof rollen

sollten Sie sich am besten Richtung Außenbereich mit Blick auf die Fehmarnsundbrücke begeben. Werfen Sie auf dem Weg dorthin einen Blick auf die „Altonaer Öfen", die mitten in der „Aalkate" stehen und an denen keiner ungeräuchert vorbeikommt.

Draußen ist es gemütlich; an langen Tischen pausieren Radler und Wanderer, ab und an sitzt dort auch Kristian Sejrbo mit ein paar Surfern zusammen, denn in seiner Freizeit geht der Chef der „Aalkate" seiner zweiten Leidenschaft nach, dem Windsurfen. Sein Revier liegt gleich um die Ecke. 🐟

Ab aufs Brett
Die geschützte Bucht der Orther Reede ist für Windsurfer ein ideales Stehrevier für alle Könner-Level. Es gibt organisierte Kurse für einzelne Altersstufen und bei weniger Wind auch Kurse für das trendige „Stand Up Paddling", kurz SUP (*www.surfspot-lemkenhafen.de*).

BURG AUF FEHMARN

Aalräucherei & Fischimbiss Böhrk

Aalräucherei Böhrk
Staakensweg 96, 23769 Burg / Fehmarn
Telefon 0 43 71 / 22 00

Anfahrt
Vom Bahnhof Fehmarn-Burg zu Fuß erreichbar

Öffnungszeiten
Vom 1. März bis 31. Oktober und 15. Dezember bis 1. Januar:
täglich von 8 bis 18 Uhr, im Sommer auch länger

Auf dem holprigen Kopfsteinpflaster des Staakenswegs geht es von der Inselhauptstadt Burg aus zu Fehmarns ältester, bereits in vierter Generation geführten Aalräucherei. Auf halber Strecke zum „Erlebnishafen" Burgstaaken lädt die „Aalräucherei Böhrk" zu Fischbrötchen und erstklassigem Räucherfisch ein.

Vormittags gegen halb elf nimmt der Räuchermeister und gelernte Koch Hendrik Remmers den Fisch aus den Altonaer Öfen. Dann zieht ein Appetit machender Duft bis auf die Straße. Vor allem *Aal* – selbstverständlich Ostseeaal (genau genommen *Spitzkopfaal*, so Hendrik) – steht auf seinem täglichen Räucherplan, daneben aber auch regelmäßig *Makrele* und andere Meeres-Kandidaten. Kenner und Insulaner stehen pünktlich auf der Matte, um die geräucherten Spezialitäten noch warm gleich vor Ort zu verzehren oder mit nach Hause zu tragen.

Die Fangemeinde des Familienbetriebs ist groß: „Wir haben unseren Aal schon an den Bundestag verschickt, für Buffets", berichtet Hendrik stolz. Die köstliche Fracht ist in so einem Fall selbstverständlich eingeschweißt, „sonst gäbe es ja noch mehr leere Bänke im Plenarsaal, bei dem Duft".

Volle Bänke hat Hendrik in der Saison in seinem gemütlichen Hinterhof fast immer, und in dem schön-schlichten Verkaufsraum brummt es ordentlich. Gut, dass

Wo Laden dransteht, ist auch Laden drin, einfach der Nase folgen

ihm im Laden zwei Kutterkapitän-Ehefrauen zur Seite stehen. Sein 18-jähriger Sohn Timm mischt auch schon mit. Es sieht also schwer danach aus, dass es auch in der fünften Generation in der „Aalräucherei Böhrk" heißen wird: „Solange der Vorrat reicht."
Wunderbare Aussichten!

Räucherkunde

Wer die Altonaer Öfen besichtigen möchte, sollte sich zwischen acht und zehn Uhr morgens in der Räucherei Böhrk einfinden, um sich von Räuchermeister Hendrik Remmers alles über seine traditionelle Räuchermethode erzählen und zeigen zu lassen. Obacht! Rutschfeste Schuhe anziehen!

FEHMARN

Fehmarnsches Fischlädchen

Fehmarnsches Fischlädchen
Burgstaaken 81, 23769 Fehmarn
Telefon 0 43 71 / 8 60 10

Anfahrt
Von der Haltestelle „Niendorfer Platz" in Burg auf Fehmarn mit der
Buslinie 5781 bis zur Haltestelle „Burgstaaken Hafen"

Öffnungszeiten
1. April bis 30. Juni und 1. September bis 31. Oktober: von 9 bis 18 Uhr
1. Juli bis 31. August: von 9 bis 19 Uhr
1. November bis 31. März: von 9 bis 16 Uhr

Von wegen „Lädchen"! Die Fischergenossenschaft Fehmarn, Betreiber des Ganzen, hat hier nicht gekleckert. Das stark frequentierte Fischbistro im Hafen Burgstaaken an Fehmarns Südküste hat schon beeindruckende Ausmaße: Innen wird auf einer Fläche von rund 170 Quadratmetern Fisch verkauft und verspeist, und auch draußen sollte auf einem der mehr als 70 Stühlen eigentlich jeder einen Platz finden.

Hier lässt sich eine Hafenatmosphäre vom Feinsten genießen: Auf der windgeschützten Sonnenterrasse des „Fischlädchens" schauen die Ferien- und Tagesgäste bei einem der vorzüglichen und preiswerten Fischgerichte auf die bunten Kutter, die hier täglich ihren Fang anlanden – je nach Saison sind das *Dorsch*, *Hering* oder *Aal* und Plattfisch. Drinnen, im Hintergrund des Verkaufstresens, werden Brötchen nonstop frisch belegt. Der Fischbrötchen-Fan hat dann die Qual der Wahl: Die unterschiedlichen Marinaden nach Art des Hauses sind jede für sich ein Gedicht! Gleich nebenan schnuppert es verlockend. Dort befindet sich die Hafenräucherei, Fehmarns erste Schau-Räucherei, wo man sich in die Geheimnisse des Räucherns einführen lassen kann: Welche Fische eignen sich am besten, wel-

Der Fischereihafen von Burgstaaken ist einer der letzten seiner Art an der Ostseeküste Schleswig-Holsteins

Lebensrettung

Im Oktober 2014 wurde das Seenotrettungsmuseum im Erlebnishafen Burgstaaken eröffnet. Im Wesentlichen besteht das Museum aus dem ausgemusterten Seenotkreuzer „Arwed Emminghaus". Zusätzlich gibt es eine kleine Ausstellung mit maßstabsgetreuen Modellen von Rettungsschiffen und vielen interessanten Exponaten aus der 150-jährigen Geschichte der Seenotrettung sowie ein kleines Kino mit Filmen von Einsatzfahrten. (*www.seenotrettungsmuseum-fehmarn.de*).

ches Holz sorgt für das gewünschte Aroma? Selbstverständlich kommt der Fisch, der hier verarbeitet wird, von den Kuttern im Hafen und wird am Ende der Prozedur im „Fischlädchen" verkauft.

Wer nach all dem Fisch Lust auf Süßes hat – kein Problem! Gleich links neben dem Fischlädchen gibt es seit geraumer Zeit etwas in die Waffel statt ins Brötchen. Wählen Sie aus 15 verschiedene Eissorten Ihren Lieblingsgeschmack. 🐟

KELLENHUSEN

Die Fischkiste

Die Fischkiste
Strandpromenade 3, 23746 Kellenhusen
Telefon 0 43 64 / 97 69

Anfahrt
Vom ZOB Kellenhusen zu Fuß erreichbar

Öffnungszeiten
April bis Oktober: täglich 9.30 bis 19 Uhr

Der Tag in der „Fischkiste" beginnt
mit dem Kapitänsfrühstück: Kaffee
oder Tee, Brötchen, Käse, Wurst
und Marmelade. Wieso eigentlich
Kapitänsfrühstück? Bis hierhin
klingt das doch nach einem ganz
normalen Frühstück. Dann aber
geht's los: Nordseekrabben, *Lachs*
und Fischsalate gesellen sich
dazu! Das ist für die „Fischkiste"
nicht weiter verwunderlich, denn
seit mehr als dreißig Jahren sind
hausgemachte Fischspezialitäten
hier an der Strandpromenade in
Kellenhusen das Erfolgsrezept von
Carsten Nebel. 1993 übernahm er
den Familienbetrieb von seiner
Mutter, und seitdem führen er und
sein freundliches Team den Imbiss
mit Engagement, Sachverstand und
einer ausgeprägten Liebe zu Fisch

Abstrampeln
Bei einer Tour auf dem Ostsee-
küsten-Radweg kommt man
direkt an der Kellenhusener
„Fischkiste" vorbei. Auf 430
Kilometern führt der gut ausge-
schilderte Radweg in Schleswig-
Holstein von Flensburg bis nach
Lübeck-Travemünde. Mal fährt
man mit Blick auf das Meer am
Strand entlang, dann wieder
geht es an bewaldeter Steil-
küste entlang oder ins idyllische
Hinterland mit seinen typischen Knicks und Seen (*www.
ostsee-schleswig-holstein.de/de/
ostseekuesten-radweg*).

Spiel, Sport und Fischbrötchen – alles dicht beieinander

im frisch aufgebackenen Brötchen. Allein 18 (!) Varianten mit selbst eingelegtem Brathering, *Lachs*, Fischfrikadellen oder Räucherfisch wie *Aal*, *Makrele* oder *Heilbutt* listet die Karte auf. Ihren guten Ruf verdankt die „Fischkiste" aber auch ihrem Hamburger Heringstopf oder dem Thunfischsalat.

Vor allem mittags geht es rund im kleinen Verkaufsraum am Nordende der Strandpromenade, keine fünf Meter vom Strand entfernt. Dann ist Fischbrötchenalarm:

Badegäste, Beachvolleyballer und Sonnenanbeter stehen Schlange vor der „Fischkiste".

Und drinnen? Da riecht es nun nach Sommer. Das ist diese ganz spezielle Duftmischung aus Meerluft, Sonnencreme und Räucherfisch, an die sich ausnahmslos jeder erinnert, der irgendwann mal ein paar schöne Urlaubswochen an der Ostsee verbracht hat. Wir vom „Fischbrötchen Report" finden das: herrlich! 🐟

GRÖMITZ

Fischverkauf am Yachthafen

Fischverkauf am Yachthafen
Yachthafen, 23743 Grömitz
Telefon 0 45 26 / 67 99

Anfahrt
Vom Bahnhof Neustadt in Holstein mit der Buslinie 5800 bis zur Haltestelle „Grömitz Wichendorfer Straße" und die restlichen 1000 m zu Fuß

Öffnungszeiten
*Eine Woche vor Ostern bis Ende Oktober und eine Woche vor
Weihnachten bis nach Neujahr:* täglich von 10 bis 18 Uhr

Schon von weitem ist er sichtbar, der kapitale Dorsch auf der meter-hohen Stange, und das ist auch gut so, denn sonst wäre der „Fischver-kauf am Yachthafen" schwer zu fin-den. Fußgänger und Radler, die auf dem Weg oberhalb des unschein-baren Ensembles vorbeikommen, werden so auf Grömitz' beste Fisch-brötchen aufmerksam gemacht.

Der direkte Weg von oben ist eher ein waghalsige Klettertour und nur bei absolutem Heißhun-ger empfehlenswert. Unser Tipp: Fußgänger nutzen die nicht weit entfernte Treppe, um nach unten zu kommen, Radfahrer fahren durch den Trubel von Grömitz-City, die motorisierten Fischbrötchen-freunde nehmen die Straße unter-halb des Deiches. Angekommen sehen Sie, warum der „Geheim-tipp" doch nicht ganz so geheim ist. Speziell gegen Mittag stehen die Fischbrötchenliebhaber Schlange, geduldig wartend.

„Sehr gut läuft das Bratherings-filet, nicht zu süß, nicht zu sauer, und der Matjes nach Art von Oma ist ein Renner", sagt Norbert Hen-ning. Dass Henning und sein Fami-lienteam alles selber einlegen, ist selbstverständlich. Räucherfisch im Baguettebrötchen ist ebenso beliebt, natürlich auch selbst geräu-chert und vornehmlich belegt mit dem Fisch, den der Betreiber auch eigenhändig fängt. Der gelernte

Nicht ganz leicht zu finden: Achten Sie auf den Dorsch auf der Stange

Fischer Norbert Henning (Jahrgang '47) fährt im Nebenerwerb noch immer raus; zwei Kutter hat er zu liegen, einen auf Fehmarn und einen direkt vor Ort.

Vor rund zehn Jahren haben er und seine Crew den „Fischverkauf am Yachthafen" vom Fischerverein Grömitz gepachtet. „Wollt' ja keiner machen, dann habe ich gedacht, ist doch 'ne 1-a-Lage, und wir haben losgelegt". Das „Wir" ist in bestem Sinne wörtlich zu verstehen. Wer nach dem Schlangestehen den kleinen Verkaufsraum betritt und seine Bestellung losgeworden ist, weiß warum: Das Team hinter dem Tresen arbeitet Hand in Hand beim Brötchen belegen. Dazu immer ein kleiner Schnack – norddeutsch gelassen eben.

Schläger schwingen

Keine Lust mehr auf Minigolf? Knappe 10 Minuten von Grömitz entfernt liegt der Golfplatz „Brodauer Mühle". Buchen Sie einen sogenannten Schnupperkurs und lassen Sie sich in die Grundlagen des Golfsports einführen. Nach der zweistündigen sportlichen Betätigung haben Sie bestimmt wieder Appetit auf ein Fischbrötchen. (*www.gc-brodauermuehle.de/schnupper-golfen.html*)

151

Kabeljau, auch Dorsch

*

Wenn Sie an einer Fischbrötchenbude stehen und schnell mit den anderen Gästen ins Gespräch kommen wollen, dann stellen Sie doch einfach die Frage: Was ist der Unterschied zwischen dem *Dorsch* und dem *Kabeljau*? Dann dürften Sie genug Gesprächsstoff für die nächsten Stunden haben. Das ist wie mit der Frage nach dem Abseits beim Fußball: So hundertprozentige Definitionen gibt es nicht, zudem ist immer Interpretationsspielraum vorhanden. Aber versuchen wir es mal: Beide Namen bezeichnen dieselbe Art (*Gadus morhua*). Dorsch ist zum einen der gebräuchliche Name für den noch nicht geschlechtsreifen Nordsee-Kabeljau, zum anderen werden alle in der Ostsee lebenden Altersklassen dieses Fisches so bezeichnet. Der Kabeljau lebt im Nordatlantik, dem Nordmeer und der Barentssee und kann bis zu 1,5 Meter lang und 40 Kilogramm schwer werden. Als Speisefisch kommt er in allen Variationen auf den Tisch (oder ins Brötchen), die berühmtesten sind sicherlich der Fisch bei „Fish & Chips" und der getrocknete Stockfisch, der sich vor allem in Skandinavien großer Beliebtheit erfreut. Bleiben also noch genug kulinarische Herausforderungen, wenn die Frage nach dem Unterschied zwischen Dorsch und Kabeljau schon beantwortet ist…

Seelachs, Köhler oder Pollack

＊

„*Seelachs?* Hab ich noch nie gegessen! Wie schmeckt der denn?" So reagieren sicherlich viele Leute, bevor man sie darauf hinweist, dass die meisten Fischstäbchen, Fischfrikadellen oder auch Backfische unter ihrer Panade Seelachs beherbergen. Mit den klassischen Lachsarten ist der Seelachs überhaupt nicht verwandt, es handelt sich dabei um einen rein verkaufsfördernden Namen, unter dem die Filets vom zur Familie der Dorsche gehörenden *Köhler (Pollachius virens)* oder vom *Pollack (Pollachius pollachius)* im Handel angeboten werden. Als nämlich im Ersten Weltkrieg die Fisch-Importe knapp wurden, entwickelte eine Firma aus Cuxhaven einen „Lachsersatz" aus dem Fleisch des Köhlers, das sie rot einfärbte. So fand dieser breiten Absatz als Speisefisch und wurde später zum Seelachs. Wer sich mit diesem leichten Etikettenschwindel abfindet, wird mit magerem und wohlschmeckendem Filet belohnt, das besonders viel Jod enthält und auch gegrillt und gedünstet und vor allem ohne Panade sehr gut schmeckt. Übrigens: Der Seehecht hat nichts mit dem Hecht zu tun und die Lachsforelle auch nichts mit dem Lachs. Dem guten Geschmack der Fische haben solche Namensanpassungen jedoch noch nie geschadet.

Flunder

★

„Der Butt ist da!" hallt es im Herbst allenthalben durch den Hamburger Hafen, wenn *Platichthys flesus*, so der wissenschaftliche Name, den Anglern zwischen Altona und Blankenese an den Haken geht. *Flunder* wird der Plattfisch nur im Binnenland genannt, in Küstennähe ist er schlicht „der Butt", so wie der nach ihm betitelte Roman von Nobelpreisträger Günter Grass. Er ist der einzige Plattfisch, der es auch dauerhaft im Süß- und Brackwasser aushält, deshalb sind Fänge selbst in küstenferneren Flüssen wie dem Rhein gar nicht so selten. Zum Laichen ziehen die Flundern allerdings ins Meer zurück; sie können bis zu 30 Jahre alt, 50 Zentimeter lang und 3 Kilogramm schwer werden. „Platt wie eine Flunder", wie in der bekannten Redewendung, sind die Jungflundern jedoch noch nicht, sie schwimmen noch aufrecht und „plätten" sich erst im Laufe ihres Wachstums. Das Fleisch der Flunder ist weiß und schmackhaft und enthält weniger als 2 Gramm Fett pro 100 Gramm Fisch. Entlang der Küsten gibt es die verschiedensten regionalen Zubereitungen, von denen sich jeder mal überraschen lassen sollte. Der Favorit vieler Feinschmecker ist aber nach wie vor die geräucherte Flunder, die zu den kulinarischen Höhepunkten jeder Fischbrötchenbuden-Tour zählt.

Scholle auch Goldbutt

★

Haben Sie schon mal *Goldbutt* gegessen? Der Name klingt vielversprechend und hört sich nach Spitzengastronomie an. Hinter dem schillernden Namen verbirgt sich einer der beliebtesten Speisefische Deutschlands, die *Scholle (Pleuronectes platessa)* schmeckt einfach köstlich. Der Plattfisch ist erkennbar an den rötlich-gelben Tupfen auf der dunklen, glatten Oberfläche; wegen dieser Farbtupfen wird die Scholle so luxuriös benannt. Sie schwimmt vor fast allen Küsten Europas; die wichtigsten Laichplätze in deutschen Gewässern befinden sich in der Helgoländer Bucht und der westlichen Ostsee. Vor langer Zeit konnten Schollen bis zu 50 Jahre alt werden; und waren bis zu einem Meter lang, bei knapp 7 Kilo! Unsere handelsüblichen Schollen sind wesentlich jünger, leichter und gerade mal 30 bis 40 Zentimeter lang. Das ist nicht ganz unproblematisch, denn es bedeutet, dass ein Teil der Schollenaufkommens vor der Geschlechtsreife aus dem Meer gefischt wird, was nachvollziehbarer Weise am Bestand zehrt. Deshalb vergessen Sie bitte vor allem die ganz lütte, leider legendär gewordenen „Maischolle". Die hat auf keinen Fall für Nachwuchs sorgen können. Und mal ehrlich, wir wollen doch weiterhin krossen Goldbutt auf den Teller bekommen.

49

NEUSTADT IN HOLSTEIN

Klüver's Brauhaus

Klüver's Brauhaus
Schiffbrücke 2–4, 23730 Neustadt in Holstein
Telefon 0 45 61 / 71 48 11

Anfahrt
Vom Bahnhof Neustadt zu Fuß erreichbar

Öffnungszeiten
Täglich ab 10 Uhr, Küche 10 bis 22 Uhr

Wer sich in „Klüver's Brauhaus"
lediglich ein Fischbrötchen kauft,
um es im Weitergehen zu verzehren, dem entgeht einiges: das selbst
gebraute Bier vom Fass, der Blick
von der Außenterrasse über den
Hafen und – nicht zu vergessen –
die Spezialitäten aus der Brauhaus-
küche, die ihre Gäste hauptsächlich
mit bodenständigen Fischgerichten
verwöhnt. Dazu gehören die wür-
zig-sämige Fischsuppe, der krosse
Backfisch, die gegrillten *Forellen*
oder das gedünstete Lachsfilet.

Die Gaumenfreuden sind unge-
trübt, denn in puncto Qualität
und Frische kennt Olaf Klüver, der
Gründer von „Klüver's Brauhaus"
und Betreiber der Hafenräucherei
in Niendorf, keine Kompromisse.
Das gilt genauso für sein Bier, das

Ab in die Steinzeit
Das Neustädter Heimatmuseum
„ZeiTTor", *Am Markt 1*, hat die
Ur- und Frühgeschichte Ostholsteins und die Stadtgeschichte
Neustadts zum Thema. So wird
unter anderem Alltag und
Leben der Menschen von der
Altsteinzeit bis heute anschau-
lich und unterhaltsam darge-
stellt. Ausdrücklich wendet
sich das Museum, das von der
Tourismus-Agentur Schleswig-
Holstein als familienfreund-
liche Einrichtung zertifiziert
wurde, an junge Besucher (bis
18 Jahre freier Eintritt!). (*www.
zeittor-neustadt.de*)

Direkt an der Hafenkante sitzt es sich bestens, Plätze gibt es ausreichend

man natürlich nirgendwo frischer ausgeschenkt kommt als hier in der Privatbrauerei. Drei Sorten (Pils, Dunkles, Hefeweizen) sind ständig am Zapfhahn, eine vierte Sorte kommt je nach Saison dazu – im Frühling der Maibock, im Winter das Weihnachtsbier. Ist man erst einmal auf den Geschmack des

unfiltrierten, vitaminreichen Hausgetränks oder des speziellen Bierlikörs gekommen, kann man es auch flaschen- oder kistenweise mit nach Hause nehmen.

Aber bitte vorher unbedingt noch ein herzhaftes Fischbrötchen mit Aalrauchmatjes oder Makrelenfilet probieren! 🐟

MALENTE

Seehütte –
das Fischbrötchen-Café

Seehütte
Kellerseestraße 52, 23714 Bad Malente
Telefon 0 45 23 / 98 81 78

Anfahrt
Vom Bahnhof Bad Malente mit der Buslinie 5503 bis zur Haltestelle „Bad Malente Schützenhof"

Öffnungszeiten
Di bis So von 11 bis 20 Uhr, bei Regen unter Vorbehalt
Mitte Oktober bis Mitte März: geschlossen

„Um zur ‚Seehütte' zu gelangen, könnte sich eine Schnitzeljagd anbieten", haben wir in der ersten Auflage des „Fischbrötchen Report" getextet. Und weiter hieß es: „Wer als erster die Hinweistafel an einer Wegkreuzung entdeckt, ist so gut wie am Ziel." Es geht aber einfacher: Folgen Sie der Ausschilderung zur Jugendherberge, dann sind Sie auf dem richtigen Weg. Die „Seehütte" ist auf jeden Fall einen Ausflug wert.

Viel Platz gibt es drinnen zwar nicht, aber dafür bietet die Terrasse reichlich Stühle und Tische. Alternativ setzt man sich auf die Sitzgelegenheiten direkt am Anleger der Kellerseefahrt, keine zehn Meter entfernt. Aber weder für dort noch für die Terrasse nimmt Heiko Schwarten, Chef der „Seehütte", Reservierungen entgegen.

Jeder Gast hat die gleiche reelle Chance, einen der begehrten Plätze im Außenbereich zu erobern. Und dort begreift man schnell sein Glück: Hier hat man eine fantastische Aussicht auf den Kellersee. Dazu erklingt sanfter Jazz; selbst das Geschnatter der Enten scheint hier ein wenig leiser als anderswo.

Eines der à la minute zubereiteten Fischbrötchen in der Hand und ein Glas Bio-Wein vor sich, und das Glücksgefühl lässt nicht lange auf sich warten. Und so philosophiert Heiko Schwarten auf seiner Web-

Idylle pur: Lassen Sie die Seele baumeln, genießen Sie den Moment

seite (*www.fischbroetchen-cafe.de*) zu Recht: „Ein neuer Tag, genieße den Moment."

Damit seine Gäste diesen Moment ausdehnen können, bietet der „Seehütte"-Betreiber auch Kuchen an, eigenhändig nach Rezepten seiner Mutter gebacken. Bestellen Sie dazu einen feinen Tee oder eine der Kaffeespezialitäten. Denn die „Seehütte" ist ja ein „Fischbrötchen-Café" – und ganz nebenbei das Chill-out-Fischbrötchen-Paradies der Holsteinischen Schweiz. 🐟

Wasserwelten

In der Janusallee, am Anleger der Kellerseefahrt, geht es auf dem Naturpfad „WunderWeltWasser" zu einer Forschungsreise durch diverse Biotope. An einzelnen Stationen erfährt man mehr über das Element Wasser; Installationen regen zum Hören, Tasten und Sehen an. Von Plattformen aus eröffnen sich einmalige Einblicke in die Tier- und Pflanzenwelt und den Lebensraum Wasser. Der Eintritt zur „WunderWeltWasser" ist frei und ganzjährig täglich von 8 bis 16 Uhr geöffnet (*www.badmalente.de/wunderweltwasser.html*).

51

ASCHEBERG

Fischerei & Räucherei Lasner

Fischerei & Räucherei Lasner
Gut Ascheberg 3, 24326 Ascheberg / Holstein
Telefon 0 45 26 / 33 98 18

Anfahrt
Direkt an der B 430 zwischen Ascheberg und der Abfahrt Dersau
Auf die Hinweisschilder achten (mit ÖPNV nicht erreichbar!)

Öffnungszeiten
Anfang Mai bis Ende Oktober: täglich durchgehend von 9 bis 18 Uhr
November und Dezember: Montag bis Freitag 9 bis 17 Uhr
Heiligabend und Silvester: 9 bis 13 Uhr, *Januar und Februar:* Winterschlaf

Wenn man bei den Hinweisschildern an der B 430 abbiegt und dem schmalen Waldweg runter zum Wasser folgt, ist man der Natur ganz schnell ganz nah. Öffnet sich dann der Blick auf den See, meint man, einen Hauch von Kanada zu spüren. Auf einer großen Rasenfläche verteilen sich kleine Hütten, Picknickbänke sind direkt am Ufer platziert, kleine Holzboote dümpeln auf dem Wasser.

Hier ist es so lauschig, dass man als Fischbrötchentester fast vergisst, weshalb man hierher gefahren ist. Aber jetzt nicht hängen lassen! Rein in eine der Hütten, ich wähle die größte vor Ort. „Ein

Brötchen mit Bismarck, bitte". Der Hüne, der das Brötchen zubereitet, muss ein Fischer sein, gut zu erkennen an seiner Arbeitskleidung. Das Testobjekt schmeckt super, das Brötchen ist knackig und der Hering nicht zu sauer. Mit dem Fischbrötchen in der Hand gehe ich raus, vorbei an den anderen der Fischercrew, die sich auf der Veranda eine Pause gönnen. „Schmeckt's?", fragt einer. „Nicht schlecht", sage ich. „Was hast du denn genommen?" „Bifmarch", murmel ich mit vollen Backen. „Ja, nicht schlecht. Aber versuch' mal unseren Barschburger."

Barschburger? Habe ich noch nie gehört, geschweige den geges-

Die Vier von der Fangstelle, Chef vom Ganzen ist Rüdiger Lasner (2. v. l.)

sen. „Ohne den kommst du nicht vom Hof", droht eins der Fischerhemden. „Aber ich muss in einer guten Stunde in Hamburg sein", gebe ich zu bedenken. „Schaffst du sowieso nich", so die trockene Analyse. Sich zu wehren ist komplett zwecklos, und das ist auch gut so: Karamelisierte Zwiebeln treffen auf ein warmes, frisch gebratenes Filet vom Flussbarsch, und das zusammen in einem knackigen Brötchen – ein Fischbrötchentraum!

Nebenbei bemerkt: Das Ganze wird zubereitet von Holger Stanislawski (ehemaliger Trainer des Fußballvereins FC St. Pauli), na ja, zumindest sieht er so aus.

Ob man nun Fan des FC Sankt Pauli ist oder dem HSV die Daumen drückt, klar ist, dass der Fischwirtschaftsmeister Rüdiger Lasner hier am Plöner See ein kleines Paradies geschaffen hat, direkt am Wasser und unter freiem Himmel, sympathisch, familiär und bodenständig.

Da werden sich alle Fischbrötchen-Fans einig sein.

PS: Rüdiger Lasner führt eine der ältesten Räuchereien Schleswig-Holsteins und ist mehr als stolz darauf. Wie alle Fischer in seiner Familie hat er sich mit Herzblut seinem Beruf verpflichtet und räuchert noch heute traditionell in Altonaer Öfen über Erlenholz, dessen milder Rauch den feinen Fischgeschmack vorzüglich zur Geltung bringt.

Wichtig: Die Öffnungszeiten der auf dem Gelände separat gelegenen „Fischbratküche" sind wetterabhängig. Das heißt: warme Küche nur in der Saison und nur bei schönem Wetter an den Wochenenden der Nebensaison.

Petri Heil

Bei Rüdiger Lasner kann man Angelerlaubniskarten erwerben, gültig für einen Tag bis zu einem Jahr. Immerhin umfasst sein Angelrevier 3000 Hektar auf dem Großen Plöner See, dem Kleinen Plöner See und dem Mühlensee. Petri Dank!

Flussbarsch

✦

Der *Flussbarsch (Perca fluviatilis)* ist der schönste Raubfisch aller Binnengewässer Europas, ob in Seen, Flüssen, Teichen oder im Brackwasser der Ostsee, der Barsch sticht alle aus. Das liegt an seiner markanten, mit spitzen „Strahlen" besetzten Rückenflosse, den orange gefärbten Bauchflossen und seinen grün schimmernden „Barschstreifen". Der „Punker" unter den heimischen Raubfischen ist gerne gemeinsam unterwegs. Schon die Jungbarsche tummeln sich zusammen im Uferbereich, um sich dort, gut versteckt, ihr späteres Kampfgewicht anzufressen. Man unterscheidet je nach Aufenthaltsort den bunten Krautbarsch der Uferregion vom heller gefärbten Jagdbarsch des Freiwassers und dem dunklen Tiefenbarsch. Dieser letztere, mittlerweile zum Einzelgänger gewordene „Big Boss", kann ein Alter von bis zu 12 Jahren erreichen und wird bei einem Gewicht von bis zu 3,5 Kilo fast 60 Zentimeter lang. Dieses Gewicht erreichen die meisten seiner Artgenossen jedoch nicht. Und das hat seinen Grund: Auch wenn man es dem Barsch (Spitzname: „Stachelritter") erst mal nicht ansieht, dieser Fisch schmeckt äußerst lecker. Probieren Sie einmal einen „Barschburger" oder das Filet, ganz pur. In unserem Kapitel „Ostholstein" werden Sie fündig.

PLÖN

Fischerei Reese

Fischerei Reese & Bistro
Eutiner Straße 8, 24306 Plön
Telefon 0 45 22 / 62 36

Anfahrt
Vom Bahnhof Plön zu Fuß erreichbar

Öffnungszeiten
Mai bis Oktober: täglich von 9 bis 19 Uhr
April bis November: Di bis Sa von 9 Uhr bis 17 Uhr

Ohne Frank läuft hier fast gar nichts. Dann gäbe es keinen Barsch- oder Hechtburger, und im Backfischbrötchen würde kein Fischfilet aus dem Plöner See landen. Frank Kirfel ist Fischer-Altgeselle der „Fischerei Reese" und kennt „sein" Gewässer wie andere Leute ihren Gartenteich. Täglich fahren er und seine beiden Kollegen auf den See, kontrollieren die Aalreusen und leeren die Stellnetze; an guten Tagen kommt da ordentlich was zusammen.

Die eigentliche Schwerstarbeit beginnt aber an Land: Fische ausnehmen, filettieren und veredeln. Das Ergebnis der Fangfahrt liegt dann gut gekühlt im Fischtresen des angrenzenden Bistros und lässt dem Fischliebhaber das Wasser im Munde zusammenlaufen. Berge von Barschfilets, ganze *Hechte*, und im Fischtresen daneben glänzt goldgelber Räucherfisch. Ab Mai findet man am Räuchertresen einen der delikatesten Bewohner des Plöner Sees, einen etwa heringsgroßen Fisch. Was für viele die Spargelzeit ist, ist für Kenner die Zeit der kleinen *Maräne*. Lassen Sie sich diesen Hochgenuss auf keinen Fall entgehen.

Ach ja, Fischbrötchen sucht man in den Auslagen vergebens. Die werden, genauso wie die täglich wechselnden Fischgerichte, stets frisch zubereitet. Je nach Andrang kann das zwar ein wenig dauern, aber das Warten lohnt sich. Für die

Freie Sicht über den Plöner See, dazu ein Brötchen mit geräuchertem Lachs, so lässt es sich leben

eventuelle Wartezeit haben wir einen naheliegenden Tipp: den Plöner See. Knappe 30 Meter, und Sie holen sich nasse Füße. Schlendern Sie ans Seeufer und genießen Sie den einmaligen Ausblick. Vielleicht entdecken Sie dann auch Frank und seine Crew am Horizont des größten und tiefsten Sees Schleswig-Holsteins.

Selbstversorgung

Sie möchten den Fisch selber fangen, und haben Ihren gültigen Angelschein dabei? Los geht das! Im Bistro der „Fischerei Reese" bekommen Sie eine Angelkarte für den Plöner See, praktischerweise können Sie hier auch gleich das Ruderboot dazu mieten. Oder doch lieber beim Angeln am Ufer sitzen? Dazu müssen Sie zwar ein Stück fahren, aber die zirka 45 Kilometer lohnen sich. In Sarlhusen, im Naturpark Aukrug bei Neumünster, betreibt die „Fischerei Reese" ihre Fischzucht. Angegliedert sind seit neuestem einige Angelteiche. Empfehlenswert ist die Familienkarte, nach dem Motto: Kinder an die Rute. Infos unter: *www.fischzucht-reese.de/angeln/angelpark/papiermuehle*

Kleine Maräne

*

Wenn es eine Hitliste der unterschätztesten Speisefische gäbe, dann wären die *Große Maräne (Coregonus lavaretus)* genauso wie die *Kleine Maräne (Coregonus albula)* sicherlich Top-3-Kandidaten. Auf den Fisch-Speisekarten führen die beiden ein Außenseiter-Dasein, dennoch sind sie für viele Berufsfischer von großer wirtschaftlicher Bedeutung. Die Große Maräne kann bis zu acht Kilogramm auf die Waage bringen. Die frisst sie sich in tiefen, sauerstoffreichen Seen unterhalb der Temperatursprungschicht an. Dieser Lebensraum bedingt ihre weite Verbreitung in Norddeutschland. Die am Schaalsee gelegene Stadt Zarrentin hat sogar zwei dieser Fische im Stadtwappen. Die Kleine Maräne besitzt ein sehr feines, weißes und wohlschmeckendes Fleisch, die Menge an Gräten hält sich in Grenzen. In Bayern heißen die Maränen übrigens Renken, am Bodensee Felchen. Wo immer Sie auf die Maräne (unter welchem Namen auch immer) stoßen, sollten Sie zuschlagen. Es gibt eingefleischte Meeresfischesser, die danach nie wieder etwas anderes anrühren wollten. Und wenn Sie erstmal eine frisch geräucherte Maräne zu sich genommen haben, werden Sie diesen Fisch sicherlich nicht mehr unterschätzen.

53

HAFFKRUG

De Ole Fischschuppen

De Ole Fischschuppen
Strandallee / An der Seebrücke Haffkrug, 23683 Scharbeutz / Haffkrug
Telefon 0 45 63 / 13 57

Anfahrt
Vom Bahnhof Haffkrug zu Fuß Richtung Wasser bis zur Strandallee;
dann links zur Seebrücke

Öffnungszeiten
Ostern bis Ende Juni und September: ab 11 Uhr, Schließzeiten wetterabhängig
Juli und August: 11 bis 20 Uhr

Gastronomen, die in Haffkrug ein Restaurant, Café oder einen Imbiss an der Strandallee betreiben, dürfen sich als Glückspilze bezeichnen. Denn hier flanieren die Ferien- und Tagesgäste den lieben, langen Tag einzig und allein, um ein Plätzchen zu finden, von wo sie den grandiosen Blick über die Lübecker Bucht genießen können.

An besagter Strandallee, direkt an der Seebrücke, steht „De Ole Fischschuppen". Der Standort ist sowas von perfekt, dass die Fernseh-Fritzen von der „Küstenwache" immer mal wieder vorbeischauen. Und natürlich ist das hier ein Platz zum Verweilen, zumal die Speisenkarte appetitliche Sachen auflistet.

Uns Fischbrötchen-Fans interessiert aber eher die „Lütt Köök", das kleine Bistro, das sich unter dem großen Reetdach des „Fischschuppens" zur Strandallee hin öffnet.

Die Auswahl an Fischbrötchen ist gut und überschaubar, was für Frische bei Fisch und Brötchen sorgt – auf Halde wird in der „Lütt Köök" jedenfalls nicht gearbeitet. Das würde auch nicht funktionieren: Der Abverkauf läuft recht flott über die Bühne, denn die leckeren Snacks locken die Spaziergänger in Scharen an, zumindest bei gutem Wetter. Bei Schietwetter ist die „Lütt Köök" zu. So ist das nun mal an der Küste. Kurz zur Historie vom „Ole Fischschuppen": Hier befand

Bekannt aus Funk und Fernsehen: einer der Drehorte der „Küstenwache"

sich ursprünglich ein Zwischen-
lager für *Hering*, *Dorsch* und *Aale*.
Dieses Lager war für die Haffkruger
und Fischer einfach der „Fischschuppen", und das noch bis zum
Ende der Siebziger. Danach hat

dann die Besitzerfamilie Roloff aus
diesem „Filetstück" sukzessive das
heutige moderne Restaurant-Café
gemacht. Der Name aber ist über
die Jahrzehnte immer derselbe geblieben. 🐟

Übers Wasser brettern

Ganz in der Nähe von Haffkrug,
an der B 76 Richtung Plön, befindet sich der „Wasserski- und
Wakeboardpark Süsel". Wer
Wassersport liebt und dabei Wert
auf einen hohen Spaßfaktor legt,
ist hier genau richtig. Kindern
und Neulingen wird der Einstieg
leicht gemacht, und schon nach
ein, zwei Runden will man gar

nicht mehr runter von den Bret-
tern. Die Anlage ist von April bis
Mitte Oktober täglich geöffnet,
in der Woche nachmittags, am
Wochenende ganztags. Über die
genauen Öffnungszeiten und
die Eintrittspreise informieren
Sie sich bitte auf der Website
www.wasserski-suesel.de.

HAFFKRUG

Aalkate Brockmann

Aalkate Brockmann
Strandallee 30, 23683 Scharbeutz / Haffkrug
Telefon 0 45 63 / 12 84

Anfahrt
Vom Bahnhof Scharbeutz mit der Buslinie 5803 bis zur Haltestelle
„Scharbeutz Kreis Jugendheim"

Öffnungszeiten
ganzjährig: täglich von 8.30 bis 20 Uhr

„Junge, komm bald wieder, bald wieder nach Haus …" Bei diesem Schlager schmolzen in den 60ern die Fans von Freddy Quinn dahin. Norbert Kratzenberg eroberte mit diesem Lied vor einigen Jahren auf Gran Canaria das Herz von Ingrid Brockmann. Als Paar kehrten die beiden der sonnenreichen Mittelmeerinsel den Rücken, ließen sich in Haffkrug nieder und betreiben dort die „Aalkate Brockmann".

Hinter der Theke seiner Fischbude hat Norbert Kratzenberg für jeden Gast ein nettes Wort, eine wahre Frohnatur, ein gebürtiger Rheinländer eben. Nein, nach Kleve oder auf die Kanaren möchte er nicht mehr zurück, betont er gerne.

Sein Lebensmittelpunkt ist hier am Strand von Haffkrug in einer der ältesten Räuchereien des Ortes. Obwohl weder er noch Ingrid Brockmann Fischer von Beruf sind (wie der Gründer der „Aalkate"), so kann man bei den beiden doch sicher sein, dass ihre Fischbrötchen zu den besonders leckeren gehören.

Es gibt „Aalkate"-Kunden, die behaupten, dass das Brötchen mit Stremellachs zu den besten gehört, die sie je gegessen haben. Doch auch die Fischbrötchen-Klassiker gehören in das Repertoire der „Aalkate". Stets frisch zubereitet mit Matjes, Bismarck und – wie man erwarten darf – mit geräuchertem *Aal*. Das ganze Jahr über haben die beiden ihr Geschäft geöffnet: Im

**Stimmungskanone der „Aalkate":
Norbert mit seiner Ingrid**

Einlochen

An der Strandallee / Pönitzer Chaussee, zwischen Haffkrug und Scharbeutz befindet sich eine Minigolfanlage der besonderen Art. „Adventure Golf" versteht sich als eine Mischung aus klassischem Golf und Minigolf. Gespielt wird auf Kunstrasen und mit normalen Golfschlägern. Von April bis Oktober können Sie hier ab 10 Uhr Ihre Geschicklichkeit beweisen.

Sommer kommen die Feriengäste, im Winter ist man unter sich. Man klönt und schnackt und mit ein bisschen Glück kann man Norbert Kratzenberg live erleben, wenn er Schlager wie „Du bist mir viel lieber als alles" zum Besten gibt. Immerhin gehören bereits zwei Goldene Schallplatten zu seinen Auszeichnungen.

171

NIENDORF

Hafen-Eck

Hafen-Eck
Grüner Weg / Ecke Strandstraße, 23669 Niendorf
Telefon 0 45 03 / 16 45

Anfahrt
Vom Bahnhof Timmerdorfer Strand mit der Buslinie 40 bis zur Haltestelle „Niendorf Hafen"

Öffnungszeiten
Sommer: täglich 8 bis 22 Uhr
Winter: täglich 8 bis 17.30 Uhr

Angenommen, das Hotel „Southern Sun Johannesburg" in Südafrika wäre nicht abgebrannt, dann gäbe es hier im „Hafen-Eck" bestimmt keine so ausgezeichneten Fischbrötchen. Wahrscheinlich nur die üblichen Pommes mit einer lauwarmen Wurst an Senf. Warum?

Die jetzige Chefin, Ulrike Dahl, wollte nämlich eigentlich in Südafrika ihre Karriere starten, erstmal als Managerin des Hotels im Bereich Food and Beverage (auf deutsch: Essen und Trinken). Und dann, mal ehrlich, da bleibt man doch vor Ort – immer Sonne, Avocados an den Bäumen und so weiter. Allerdings, Fischbrötchen sind unten am Kap echte Mangelware.

So wurde es ein eher kurzer Aufenthalt in Südafrika, und Ulrike absolvierte ihre Hotelfachausbildung in Deutschland, England und Spanien. Dann kam Papa ins Spiel. Im Jahr 1990 kaufte Karl-Heinz Dahl die Imbiss-Bude (ehemals „Kuddl's Eck") in Top-Lage am Niendorfer Hafen. Zur Jahrtausendwende übernahm dann seine Tochter das Kommando im „Hafen-Eck".

Und das nicht nur irgendwie. Erstmal wurde die kleine Bude ordentlich ausgebaut, und die Hotelfachfrau schrieb eine Betriebsanleitung für ihre Mitarbeiter, Motto: „Wir wollen eine saubere, freundliche, schnelle und allerbeste Fischbrötchen-Bude sein" so

Leckere Brötchen, leckere Mädels, alles inklusive Hafenschnack – rechts sehen Sie übrigens Winnie

Am Wasser lang
Unternehmen Sie eine Wanderung entlang des Brodtener Steilufers. Das bis zu 20 Meter hohe Kliff hat sensationelle Ausblicke auf die Ostsee zu bieten. Der Weg von Niendorf nach Travemünde und zurück beträgt gerade mal acht Kilometer.

die Betreiberin. Eine Bedienungsanleitung zur Friteusenpflege gab es obendrauf.

Acht verschiedene Fischbrötchen-Varianten gehen hier seitdem über den Tresen, in den frisch aufgebackenen Semmeln landen unter anderem Bismarck, Krabbe und Backfisch, immer erst bei Bestellung belegt. Wer dazu noch Pommes verlangt – Moment bitte! Auch die landen erst nach der Order in der Friteuse.

Hauptverantwortlich für den Service ist mittlerweile Josefine Scheumann, genannt Winnie. Winnie scheint die Betriebsanleitung gründlich studiert und

das Motto verinnerlicht zu haben. Egal ob sie den stets frisch aufgebrühten Kaffee durch die Luke reicht, den Stammgästen Brötchen mit Bier serviert oder mal flink einen Crepes zubereitet – immer freundlich, immer serviceorientiert, genauso wie das ganze Team. Den am Hafen handelsüblichen Umgangston beherrschen Winnie und die anderen Mädels natürlich auch: lässiges duzen und ein kleiner Schnack gehören selbstverständlich dazu. Hafenleben kann so schön gemütlich sein. Auch jenseits von Afrika. ◄🐟

Karls
1921

Erlebnis-Dorf

3 spannende Schau-Manufakturen
Über 20 gratis Familien-Attraktionen
täglich Frühstück, Mittag, Kaffee & Abendbrot

ls Erlebnis-Dorf • Fuchsbergstr. 4 • 23626 Warnsdorf bei Lübeck • Tel. 04502-888433 • www.karls.de

NIENDORF

Hafenräucherei

Hafenräucherei
Am Hafen, 23669 Niendorf
Telefon 0 45 03 / 68 80

Anfahrt
Vom Strandbahnhof Travemünde mit der Buslinie 5815 bis Haltestelle „Niendorf Hafen"

Öffnungszeiten
Sommer: täglich 10 bis 22 Uhr
Winter: Sa, So 10 Uhr bis zum Einbruch der Dunkelheit

Mit den ersten Sonnenstrahlen des Tages kehren die Kutter zurück in den Niendorfer Hafen. An Bord Schollen, Butt und andere Fischarten, direkt „vor der Haustür" gefangen. Die Abnehmer, Feriengäste und Einheimische, warten meist schon am Kai, um den Kutterbesatzungen die begehrte Frischware abzukaufen. Auch die „Hafenräucherei" im Niendorfer Hafen wird täglich beliefert. Frischer als in diesem Imbiss mit bemerkenswerten 200 Außenplätzen und trubeliger Biergartenatmosphäre kann man Fisch kaum bekommen, auch wenn die namensgebende Räucherei aus Kapazitätsgründen vor einigen Jahren ins 15 Kilometer entfernte Gleschendorf umziehen musste. Ob zwischen Brötchenhälften, in der Suppe oder als kross gebratener Backfisch – was in der „Hafenräucherei" über den Tresen geht, ist ein Genuss für jeden Fischliebhaber. Dazu gibt es das süffige Bier aus der Neustädter Privatbrauerei „Klüver's". Nach der leckeren Mahlzeit im Niendorfer Hafen kann es bei einem Strandspaziergang in den exklusiven Ferienort Timmendorfer Strand gehen. Dort ist flanieren, shoppen und schauen angesagt, eben so gut oder vielleicht sogar besser ist ein Ausflug mit dem Schiff nach Boltenhagen oder zu den Seebädern in der Lübecker Bucht. 🐟

Keine Sorge, hier sind Sie richtig. Gleich um die Ecke gibt es mehr Sitzplätze

Gezwitscher

Der Vogelpark Niendorf hat sich längst vom Geheimtipp für Kenner zum populären Ausflugsziel entwickelt. Unweit des Niendorfer Hafens schlendern Vogel- und Naturfreunde täglich von 9 bis 20 Uhr (in der Nebensaison von 10 Uhr bis zum Einbruch der Dämmerung) durch den, laut Eigenwerbung, „natürlichsten Vogelpark Deutschlands" (*www.vogelpark-niendorf.de*).

57

TRAVEMÜNDE

Fischtempel

Fischtempel
Auf dem Baggersand 7, 23570 Travemünde
Telefon 0 45 02 / 7 08 98 31

Anfahrt
Vom Bahnhof Lübeck-Travemünde Hafen zu Fuß erreichbar

Öffnungszeiten
täglich 9 bis 24 Uhr (Küche von 11 bis 22 Uhr)

Frischer Fisch ist ein Muss für Travemünde-Besucher und gehört zum Ostseefeeling genauso wie Strand und Meer. Wer auf der Fischmeile in Travemünde abseits der touristischen Lokalitäten das „etwas andere" Restaurant mit sehr gut zubereitetem Fisch sucht, für den ist der „Fischtempel" direkt am Fischereihafen genau das Richtige.

Die zahlreichen Außenplätze des „Fischtempel" (auch auf überdachtem Ponton) sind bei gutem Wetter – das versteht sich von selbst – ratzfatz besetzt; und jeder, der erst einmal einen Platz ergattert hat, genießt in aller Ruhe seine Meeresmahlzeit. Was nur irgendwie hausgemacht sein kann, ist im „Fischtempel" garantiert hausgemacht. Dazu gehören der Küsten-Klassiker Labskaus und die Fischfrikadellen sowie selbstverständlich Matjes, Bismarckhering, Brat- und Räucherfisch für die Fischbrötchen (immer frisch belegt). Abgerundet wird das Angebot durch *Dorsch*, *Scholle* und *Ostseelachs*, und für grüne Heringe aus der Pfanne ist auch gesorgt. Kenner wissen, die gibt es nicht jederzeit und nicht überall.

Kaum noch eine Erwähnung wert, aber der Vollständigkeit halber sei's gesagt: Der „Fischtempel" verarbeitet wie alle empfehlenswerten Imbisse an Schleswig-Holsteins Ostküste nahezu ausschließlich Fisch aus der Ostsee, angelandet von den verbliebenen Fischern aus der Region.

Geradeaus geht es auf den äußerst beliebten Ponton des „Fischtempels"

Für Leseratten

Wo sich früher einmal die Fischerkaten aneinanderreihten und später dann gediegene Pensionen die feinen Familien der Lübecker und Hamburger Kaufleute beherbergten, schlendern heute lässig gekleidete Touristen auf und ab, vorbei an Boutiquen, Eisdielen, Restaurants und Cafés. Es lohnt sich, bei einem Bummel über die Vorderreihe vor dem ein oder anderen Gebäude stehen zu bleiben und genau hinzuschauen, dann entdeckt man ihn noch, den Glanz der Bäderarchitektur aus jener Zeit, als die Buddenbrooks nach Travemünde in die „Sommerfrische" fuhren. Dazu unsere Buchempfehlung: „Das alte Travemünde. Ein Spaziergang in Bildern" von Rolf Fechner, 128 Seiten, 230 Bilder. Erschienen 2012 im Suttonverlag.

58

OSTHOLSTEIN

LÜBECK

Fisch-Hütte

Fisch-Hütte
An der Untertrave 54 b, 23554 Lübeck
Telefon 04 51 / 7 33 78

Anfahrt
Vom ZOB Lübeck mit der Buslinie 5 bis zur Haltestelle „Lübeck Holstentor-platz", den Rest Richtung Museumshafen zu Fuß

Öffnungszeiten
April bis Dezember: täglich 11 bis 20 Uhr
Januar bis Ende März: Mi bis So 11 bis 19 Uhr

Die „Vorgängermodelle" der heutigen „Fisch-Hütte" an der Dreh-brücke waren erst ein schlichter Kiosk, wo Lübecks Hafenarbeiter ihre Erbsensuppe und das Bier dazu bekamen, und ab 1968 dann ein Im-biss, der fortan mehr Touristen als Hafenarbeiter mit kleinen Snacks versorgte. Als immer häufiger nach Fischgerichten und Fischbrötchen gefragt wurde, beschloss der da-malige Betreiber Rudi Adam, das Imbissangebot zu verändern. Auch zu seinem eigenen Nutzen. „Mein Vater musste früher immer bis nach Travemünde fahren, um mal ordentlich Fisch essen zu können", erinnert sich der heutige Chef Se-bastian Kische, Rudi Adams Sohn.

Alte Wasserfahrzeuge
Unweit der „Fisch-Hütte" lockt der Museumshafen Besucher an. Vor Lübecks malerischer Altstadtkulisse sind eine ganze Anzahl historischer Wasser-fahrzeuge und fachmännisch restaurierter Traditionssegler zu bestaunen. Mit der „Lisa von Lübeck", dem Nachbau einer Krawell (keine Kogge!) aus der Hansezeit, werden hin und wie-der Ausflugsfahrten veranstal-tet (*www.lisavonluebeck.de*).

Hier schlug einst das maritime Herz der Hansestadt Lübeck

Im Jahr 2007 war es dann soweit, und der kleinen Imbiss wurde zu einer Fischgaststätte mit Innen- und Außenplätzen ausgebaut. Dann, 2011, kam Vater Rudi auf Sebastian zu und meinte: „Hast du nicht Lust, mitzumachen?"

Inzwischen schmeißt Sebastian den Laden alleine. Seine Kunden erfreuen sich an selbst eingelegten Brat- und Bismarckheringen und neun Kreationen frisch zubereiter Fischbrötchen, besonders zu empfehlen sind die mit Brathering sauer oder mit Rollmops. Ein Geschmackserlebnis ist aber auch das heiße Brötchen mit Backfisch, was schon fast eine richtige Mahlzeit ist. Apropos Mahlzeit: Wer Lust auf mehr Fisch hat, sollte mal die grünen Heringe probieren. Zu

Sebastians Spezialitäten zählen außerdem *Seelachs* oder *Rotbarsch* im Backteig mit Kartoffelsalat oder Pommes. „Wenn *Aale* gefangen werden, dann raucht der Ofen", sagt der „Fisch-Hütte"-Besitzer. „Unsere Gäste reißen sich um die frisch ge-fangenen, geräucherten Aale." Und wer auf Fish & Chips mit original-englischem Malzessig steht, der muss nicht mehr zwingend nach England reisen. Kleine Beobach-tung am Rande: Bei Sebastian geht auch manchmal „Fisch über Bord". Dann bedient er von der Brücke aus Freizeitkapitäne in Ruder- und Paddelbooten auf der Trave mit Seil und Korb. Das war mal als kleiner PR-Gag gedacht, hat sich aber längst als dauerhafter Service etabliert. 🐟

59

RATZEBURG

Jobmann

Fischerei Rüdiger Jobmann
Schlosswiese 2, 23909 Ratzeburg
Telefon 0 45 41/35 59

Anfahrt
Vom Bahnhof Ratzeburg mit der Buslinie 8501 bis zur Haltestelle
„Lüneburger Damm"

Öffnungszeiten
Hauptsaison: täglich von 11 Uhr bis 21 Uhr
In der Vor- und Nachsaison: eingeschränkte Öffnungszeiten

Früh morgens, so gegen vier Uhr, geht es raus auf den See, dorthin, wo Rüdiger Jobmann am Abend zuvor die Netze gestellt hat. Der Fischer und sein Kollege Dirk Markowski ziehen nahezu 30 Netze aus dem Wasser, die auf 1650 Hektar Wasserfläche verteilt sind. Ihre morgendliche Tour über den Ratzeburger See sowie über den Küchen- und Domsee dauert gut und gerne fünf Stunden.

Und das Tag für Tag. „Nur sonntags und an Feiertagen haben die Fische frei", grinst Jobmann. Vor allem *Barsche*, *Hechte* und *Aale* landen in seinen Netzen. Im Mai und Juni kommen *Silbermaräne* und *Edelmaräne* dazu; zu dieser Zeit werden

die Schwärme der delikaten Speisefische aktiv und schwimmen aus den tiefen Seen der Holsteinischen Schweiz in das Oberflächenwasser, um die jetzt zuhauf vorkommenden Larven der Büschelmücke zu jagen.

Aber nicht nur Maränen werden im Frühsommer aktiv, auch Schwärme von behelmten Freunden der Landstraße und Radwege sind nun wieder öfters anzutreffen. „Der erste Schwung kommt gegen Mittag und der zweite zwischen halb drei und halb fünf." Rüdiger Jobmann meint die Motorradfahrer und Fahrradausflügler, die sich auf halber Strecke oder kurz vor der Heimfahrt eine Fischbrötchen-Pause gönnen. Wenn zeitgleich

Verproviantieren Sie sich bei Jobmann und erkunden Sie dann den Ratzeburger See, per Muskelkraft und mit einem Wasserfahrzeug Ihrer Wahl

Wassersport

Erkunden Sie die Schönheiten der Ratzeburger Seen. Sie haben die Wahl zwischen Kanu, Tret-, Drachen-, Ruder- und Segelboot oder Wasserfahrrad, nahezu alles, was binnenseetauglich ist, können Sie in und um Ratzeburg mieten. Das ist Ihnen alles zu anstrengend? Dann bleibt Ihnen immerhin noch ein Törn mit einem der zwei Ausflugsdampfer. Über die unterschiedlichen Touren und Preise informiert die Website *www.schiffahrt-ratzeburg.de.*

noch ein Dampfer nebenan festmacht, muss der Fischermeister mit ran. Zu diesen „Rushhours" greift Rüdiger Jobmann seiner Frauke und den Mitarbeitern hinterm Fischbrötchentresen unter die Arme.

Die Biker und Radler parken ihre Gefährte aus gutem Grund auf der Wiese vor der Fischbude. Wer einmal bei Jobmann eine Hechtfrikadelle in krossem Brötchen oder eine *Maräne* frisch aus dem Rauch genossen hat, dem ist kein Weg zu weit. Zudem die meist kurzen Wartezeiten im ufernahen Fischbrötchengarten mit einem fantastischen Blick auf den Ratzeburger See versüßt werden, dem Fischereirevier von Rüdiger Jobmann und dem Jagdrevier von *Hecht*, *Maräne* & Consorten.

Hecht

*

Wenn Sie mit Ihrer Familie am Sonntagnachmittag am beliebten Dorfteich spazieren gehen, und plötzlich klatscht es laut am Rande des Schilfes – dann hat der „Süßwassertorpedo" wieder zugeschlagen und ein Rotauge, einen Barsch oder gar ein Entenküken verspeist. Der *Hecht (Esox lucius)* kann bis zu 35 Kilogramm schwer und 1,50 Meter lang werden. Das Einzige, was den Genuss seines festen, mageren und sehr aromatischen Fleisches manchmal stört, sind seine Y-Gräten. Einige behelfen sich dadurch, dass sie die Hechtfilets direkt durch den Fleischwolf drehen und dann vorzügliche Hechtklößchen daraus machen. Dennoch lohnt sich auch das Entgräten, denn ein frisches Hechtfilet kann es geschmacklich problemlos mit den meisten anderen Speisefischen aufnehmen; einige kulinarische Experten siedeln ihn sogar über dem so beliebten Zander an. Am besten schmecken die mittelgroßen Exemplare von 60 bis 80 Zentimeter Länge, denn größere Hechte haben eine Neigung zu trockenem Fleisch mit eher zäher Konsistenz. Trotzdem sollte sich niemand davon abhalten lassen, beim nächsten Fischbrötchenbuden-Besuch mal den Hecht zu probieren – dann erinnert man sich sofort an seinen Geschmack, wenn es demnächst am Rand des Schilfs klatscht.

HAMBURG

Wir nähern uns Hamburg von Westen her und machen zunächst Stopp in Glückstadt, dann in Haseldorf und schließlich in Wedel direkt vor den Toren der Hansestadt, wo Isi mit seiner Spezialität, den **„Schwedenfilets"** punktet. Später, in Blankenese, steuern wir gleich zwei Imbisse an, bevor wir im Museumshafen Övelgönne bei **Salsa-Musik** und herrlichem Elbblick eine weitere Pause einlegen. Die Große Elbstraße, das **Mekka aller Feinschmecker** aus Hamburg und dem Umland, lockt mit dem edelsten Fischbrötchen, das wir je getestet haben, und an den Landungsbrücken bei „Brücke 10" staunen (nicht nur) Touristen täglich aufs Neue über wahrhaft **gigantische Krabbenbrötchen**.

60

HASELDORF

Haseldörper Röökerkist

Haseldörper Röökerkist
Op'n Kamp, 25489 Haseldorf
Telefon 01 74 / 9 96 29 85

Anfahrt
Vom Bahnhof Wedel mit der Buslinie 589 bis zur Haltestelle „Haseldorf, Scholenfleth"

Öffnungszeiten
April bis Ende Oktober: Fr 15 bis 20 Uhr, Sa und So 10 bis 20 Uhr

„Wenn ich hier aufhören wollte, könnte ich mich in Haseldorf nicht mehr blicken lassen." Das meint Peter Bock wortwörtlich und bierernst. Die „Haseldörper Röökerkist" ist zu einem unverzichtbaren Bestandteil des Gemeindelebens rund um den idyllischen Haseldorfer Elbhafen geworden. „Hier treffen sich Hans mit Hermann und Hartz IV mit dem Professor. Hier sind alle gleich", ergänzt der Betreiber.

Seit 2006 gibt es diesen traumhaft gelegen Treffpunkt nun schon, und keiner der Stammgäste kann sich noch ein Freizeit- und Fischbrötchenleben ohne Manuela und Peter Bock sowie der herzlichen Crew vorstellen. Wer immer mit Fahrrad, Motorrad oder zu Fuß hier landet, spürt und schmeckt den speziellen Spirit der „Röökerkist". Den lieben auch eine Handvoll Segler von der anderen Elbseite, die regelmäßige Törns Richtung „Röökerkist" unternehmen. Deren Devise lautet: knackiges Fischbrötchen essen und wieder zurück.

Womit wir bei der Frage sind „Was gibt es hier eigentlich?" Antwort: von Peter Bock über Buchenholz geräucherte Fische und *Aale*, dazu die Brötchen vom Haseldorfer Bäcker Krohn, und wer Bock auf Würstchen hat, beißt in jene der örtlichen Schlachterei „Millahn". Regionaler geht's wirklich nicht.

Trotz der Doppelbelastung in der Woche (Manuela ist hauptberuflich Altenpflegerin, Peter

Haseldörper Röökerkist

Mit Kind und Kegel bis nach Haseldorf radeln, ein toller Ausflug!

Elbinsel-Törn

Buchen Sie eine Fahrt mit dem „Tiedenkieker" ab Haseldorf. Das Flachbodenschiff mit nur 50 Zentimeter Tiefgang kommt auch dahin, wo sich ansonsten nur Kanus und Kajaks durchschlängeln können. Die Tour führt zu den Naturschutzgebieten Haseldorfer Binnenelbe und Eschschallen und zur ebenfalls geschützten Elbinsel Pagensand, wo Sie dann eine kleine Wanderung in Begleitung eines kompetenten Natur- und Landschaftsführers unternehmen. Weitere Informationen und Anmeldung unter *www.elbmarschenhaus.de*.

Schlosser), liebt das Ehepaar ihre „Haseldörper Röökerkist". „Die ist auch Hobby, und Hobby macht Laune", sagen sie. Schön, dass die beiden das weiter durchziehen wollen; was würden Ausflügler, Segler und vor allem Hans und Hermann sonst bloß machen.

61

WEDEL BEI HAMBURG

Isi's Fischspezialitäten

Isi's Fischspezialitäten
Strandweg 2, 22880 Wedel

Anfahrt
Vom Bahnhof Wedel mit der Buslinie 189 bis zur Haltestelle „Elbstraße"

Öffnungszeiten
Täglich ab 10 Uhr bis zum Einbruch der Dunkelheit,
im Sommer bis ca. 23 Uhr, im Winter bis ca. 19 Uhr

Unter Touristen, Ausflüglern und Bikern gilt der weiße Imbisswagen längst nicht mehr als Geheimtipp: Seit 1993 gehen bei „Isi's Fischspezialitäten" an der Wedeler Mole herzhafte Fischbrötchen über die Ladentheke.

Im Frühjahr 2014 musste Namensgeber Isi alias Ismail Dagbaslilar zwar aufgrund des Hafenumbaus seinen angestammten Platz direkt an der Hafenkante verlassen und keine hundert Meter weiter hoch auf die Wedeler Festwiese umziehen. Der Umzug entpuppte sich als Glücksfall: „Wir machen guten Umsatz, weil wir von viel mehr Leuten gesehen werden", sagt Isi.

Die Palette an Fischbrötchensorten kann sich sehen lassen: *Forelle*, *Rollmops*, *Seelachs*, *Scholle*, *Krabben*, *Brathering*, *Bismarck* und *Matjes* stehen zur Wahl, und das ist noch längst nicht alles. Zu empfehlen sind in jedem Fall die „Schwedenfilets", die Budenchef Isi selbst einlegt und vier bis fünf Tage ziehen lässt, damit sie ihren typischen süß-sauren Geschmack bekommen. Sehr gerne genommen werden auch die Matjes- und Curryfilets. Wer mehr Appetit auf einen konventionellen Imbiss hat, greift alternativ zur eigens hergestellten „Metzger-Currywurst".

Bis zu 140 Gäste finden auf den Stühlen vor „Isi" Platz. Gelobt werden immer wieder die freundliche Bedienung und die einmalige Lage: „Was gibt es Schöneres, als bei einem Fischbrötchen mit netten Leuten zusammenzusitzen und

Stammgast und FC. St. Pauli-Fan Helge: You'll never eat alone

dabei dicke Pötte auf der Elbe zu beobachten", sagt Stammkunde und Motorradfahrer Helge Haefner aus Eidelstedt.

Mit einem klapprigen Verkaufswagen und drei alten Ölfässern als Stehtisch-Provisorien hatte Isi sein kleines Unternehmen Anfang der 90er Jahre gestartet. Heute nennt er einen ultramodernen, sieben Meter langen Imbisswagen inklusive Herd, Kühlschrank und Zapfanlage sein eigen. Ans Aufhören denkt Isi noch lange nicht. „So lange mir der Herrgott die Kraft gibt, mache ich weiter", sagt er.

Schiffsbegrüßung

Direkt am Anleger des Schulauer Fährhauses befindet sich die weltweit bekannte Schiffsbegrüßungsanlage Willkomm-Höft (von niederdeutsch „Hööft" für „Landspitze"). Jedes (größere) Schiff, das den Hamburger Hafen ansteuert oder verlässt, wird mit der Nationalhymne seines Heimatlands begrüßt bzw. verabschiedet. Insgesamt stehen 152 Hymnen, gespeichert auf Tonband und Computer, zur Verfügung. Bei schönem Wetter empfiehlt sich von Schulau aus ein Ausflug mit der Fähre ins Alte Land; Fahrräder können mitgenommen werden! (Download des Sommer- bzw. Winterfahrplans: www.luehe-schulau-faehre.de).

62

HAMBURG-BLANKENESE

Kajüte S.B. 12

Kajüte S.B. 12
Strandweg 79, 22587 Hamburg
Telefon 0 40 / 86 64 86 40

Anfahrt
Vom Bahnhof Blankenese mit der Buslinie 48 bis zur Haltestelle „Krumdal"

Öffnungszeiten
täglich von 11 bis 23 Uhr
November bis Februar nur Do bis Mo geöffnet

Früher standen die Gäste regelmäßig vor der „Kajüte" Schlange, um eins der begehrten Fischbrötchen zu erstehen. Vor einiger Zeit wurde das direkt am Elbstrand gelegene Mini-Restaurant runderneuert und mit modernem Induktionsherd, größeren Kühlschränken und schnellerer Zapfanlage ausgestattet. Ob's nun am neuen Herd oder an der flinken Zapfanlage liegt: Auffallend ist jedenfalls, dass seither auch das Brötchenbelegen so flott von der Hand geht, dass kaum noch ein Gast lange warten muss.

Die „Kajüte S.B. 12" und der nur 700 Meter stromaufwärts gelegene Imbiss „Ponton Op'n Bulln" haben die selben Besitzerinnen, was erklären mag, dass sich die Auswahl an Fischbrötchen in den Lokalen nur unwesentlich unterscheidet: Das frisch aufgebackene Brötchen ist mit Matjes, Bismarckhering oder *Lachs* erhältlich. Garniert wird mit Zwiebelstückchen, Gurkenscheiben und Schnittlauch, auf Wunsch auch mit hausgemachter Honig-Senf-Soße. Wahrhaft köstlich schmeckt das Lachsbrötchen, das mit den Zutaten Tomate und Dill eine wundervolle Verbindung eingeht.

Das Platzangebot ist in der „Kajüte" mit gerade mal 25 Plätzen knapp bemessen, was aber bei schönen Wetter selbstredend egal ist. Denn dann hockt man sich mit seinem Brötchen und einer Buddel Bier sowieso an einen der Außentische oder in den Sand und schaut

Ganz großes Schiffskino, bei Blanke-nese auf die Elbe schauen

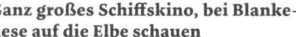

Planschen gehn

In der Elbe lässt es sich seit einigen Jahren wieder ganz prima baden. Und zwar gar nicht weit weg: Lassen Sie den markanten, rot-weiß geringelten Leuchtturm links liegen und marschieren Sie ein paar Schritte elbabwärts. Unmittelbar am Elbhang gelegen präsentiert sich einer der schönsten Sandstrände von ganz Hamburg. An Wochenenden zwischen Mai und September wird der rund 500 Meter lange Abschnitt von der DLRG überwacht. Trotzdem ist Vorsicht geboten: Insbesondere Kinder und ungeübte Schwimmer sollten sich aufgrund der starken Strömung nicht zu weit reinwagen!

den dicken Pötten nach, die aus dem Hafen kommen oder hineinfahren.

63

HAMBURG-BLANKENESE

Ponton Op'n Bulln

Ponton Op'n Bulln
Strandweg 30, 22587 Hamburg
Telefon 0 40 / 86 64 51 27

Anfahrt
Vom Bahnhof Blankenese mit der Buslinie 48 bis zur Haltestelle
„Blankenese Fähre"

Öffnungszeiten
Mo bis Fr ab 11 Uhr, Sa und So ab 10 Uhr
November bis Februar: nur Do bis So geöffnet

Direkt auf dem Blankeneser Schiffs-anleger „Bulln" gelegen, bietet der „Ponton Op'n Bulln" einen herr-lichen, unverstellten Blick über die Elbe. Leise plätschern die Wellen, ein paar Möwen kreischen. Und während man dort sitzt und genüss-lich sein Fischbrötchen verspeist, wünscht man sich, dass der Ponton sich aus der Verankerung lösen, ganz sacht in Bewegung setzen und langsam Richtung Nordsee treiben möge.

Besonders bei gutem Wetter kommt auf den Bänken und Stüh-len vor dem „Ponton Op'n Bulln" Ferienstimmung auf. Und das liegt nicht allein am reizvollen Ambi-ente, sondern auch an den überaus

netten Betreiberinnen. Seit zwölf Jahren führt Manuela Gehrmann zusammen mit ihrer Geschäftspart-nerin Britta Hiemer den Fischimbiss unten am Blankeneser Elbufer. Das Fischbrötchenangebot ist klein, aber fein: Matjes und Bismarck gibt's auf Wunsch mit Zwiebeln, Schnittlauch, Gurke oder Tomate, die Lachsvariante wird mit wür-zigem Dill garniert. Zum leckeren Krabbenbrötchen schmeckt die hausgemachte Honig-Senf-Soße. Die Teigrohlinge werden frisch ge-backen und belegt – wer Glück hat, bekommt sein Brötchen noch warm auf die Hand! Auch alle weiteren Gerichte auf der Speisekarte (unser Tipp: Fischeintopf!) sind absolut

Direkt am Wasser gebaut, hier können einem die Fernwehtränen kommen

empfehlenswert. Für den kleinen Urlaub vom Alltag empfiehlt es sich, außerhalb der Touristen-Rush-Hour zu kommen, denn trotz der 100 Sitzplätze wird es gerade drinnen sehr schnell „kuschelig".

Abschließende Quizfrage: Warum heißt der Blankeneser Anleger eigentlich „Bulln"? Auflösung: Der Name erinnert an jene Zeit, als es auf der Elbe noch einen regen Fährverkehr durch umfangreiche Viehtransporte gab. So wurden um 1600 jährlich 20 000 bis 30 000 Ochsen mit so genannten „Prähmen" auf dem Strom in alle Richtungen transportiert (ein Prahm war ein flaches, zum Übersetzen geeignetes Boot, eine Art Fährschiff); allein von Blankenese nach Buxtehude waren es im Jahr 1598 mehr als 16 000 Ochsen.

Schippern und radeln

Eine beliebte Fährverbindung führt vom „Bulln" aus rüber zur südlichen Elbseite, um dem Alten Land einen Besuch abzustatten. In den Sommermonaten legt mehrmals täglich eine Fähre nach Cranz ab. Vor allem bei Radfahrern, die drüben ausgiebig durch das größte Obstanbaugebiet Europas kurven wollen, ist dieser Törn über die Elbe schwer angesagt. Zwischen Mitte April und Anfang Mai, wenn im Alten Land die Kirsch- und Apfelbäume blühen, ist die Fähre regelmäßig bis auf den letzten Platz besetzt. Die Kirschbäume machen den Anfang, kurz danach beginnt die rosa Apfelblüte. Wann die jährliche Blütezeit startet und endet, ist witterungsabhängig. Tagespresse und Internet informieren darüber rechtzeitig und zuverlässig.

e-biking

Leih dir ein Stück
vom Glück

Genießen Sie den grenzenlosen Fahrspaß
mit den neuen movelo E-Bikes in der
movelo-Region Schleswig-Holstein.

www.movelo.com

FOCUS

Kalkhoff E-BIKE

Matjes-Mekka

Unter der Bezeichnung Matjes ölt sich
so Einiges durch deutsche Lande: große
Heringsfilets von älteren und damit
großen Fischen mit ebenso großen
Filets, die durch industrielle Verarbei-
tung voller Grätenspitzen sind und
deren zarter Eigengeschmack sich
kaum gegen Öl oder Essig durchsetzen
kann. Dass es auch anders geht,
haben Carola Flügel (Text) und Tilman
Schuppius (Fotos) in Glückstadt
erfahren und geschmeckt.

Handarbeit bei Plotz

Nicht jeder Hering ist ein Matjes. Ist denn aber jeder Matjes ein Hering? „Ja. Man muss schon ein Hering sein, wenn man ein Matjes werden will", witzelt der Glückstädter Gastronom und Matjeshersteller Henning Plotz, der vor bald zwanzig Jahren ein neues Heringszeitalter in Glückstadt einläutete – und zwar das alte. Indem er sich der guten, traditionellen Matjes-Produktion verschrieb, erweckte er ein Qualitätsprodukt zu neuem Leben: den Glückstädter Matjes. Das, was bei ihm aus Hering gemacht wird, ist wieder, so Plotz „1A-Ware."

Wenn man nun außerdem ein junger Hering ist, nicht mehr als drei bis vier Jahre auf der Flosse hat, sich aber schon einmal fortpflanzen konnte, stehen die Chancen gut, zu feinem Matjes zu werden. Hat man dann das Pech (oder das Glück?) sich zwischen Mitte Mai und Mitte/Ende Juni mit seinen Artgenossen in den nördlichen Fanggründen um Skagen zu tummeln, sich mit einer ordentlichen Fettschicht unter der Haut, aber ohne Milch- und Rogenansatz, in ein Netz zu verirren, dann kann aus einem richtig was werden.

Aus dem tiefgefrorenem Hering wird zartes Matjesfilet

„Hat der Hering bereits Milch und Rogen abgesetzt, nennt man ihn Vollfetthering" erklärt Henning Plotz. „Hat er dann im Spätsommer abgelaicht, ist er ein Fetthering. Das Fleisch ist nun fester, die zuvor so wertvollen Omega-3-Fettsäuren werden in Einzelteile zerlegt und als Energievorrat abgelagert." Aus diesem Fisch könne maximal noch ein „Hering nach Matjesart" werden. „Der Matjes gilt als eine der beliebtesten norddeutschen Spezialitäten. Umso erstaunlicher, dass 99 Prozent dieser Delikatesse nicht aus heimischer, sondern aus holländischer Produktion stammen."

✳

Henning Plotz verarbeitet 150 Tonnen jungen Hering im Jahr. „Wir sind die einzige Manufaktur, die den Hering in so kleinem Stil handverarbeitet." 150 Tonnen mag erst einmal eine große Menge sein, verglichen mit dem industriellen Heringfang ist das aber eine überschaubare Größenordnung.

1. kehlen
2. salzen
3. würzen
4. Reifung im Fass
5. nach der Reifung
6. putzen
7. der fertige Matjes

Besuchen Sie die Matjes-produktion in Glückstadt inklusive Verkostung

Plotz Spezialitäten GmbH,
Schmiedestraße 3
25348 Glückstadt
Telefon 0 41 24 / 93 27 87
www.sh-feinkost.de

Plotz' Ware wird direkt nach dem Fang in Norwegen und Skagen tiefgefroren, bis sie dann bei ihm, das ganze Jahr über in gleich bleibender Qualität,verarbeitet wird. Fisch für Fisch. Per Hand. Und das geht so: Mit der Schere wird dem Fisch vorsichtig den Kopf abgeschnitten („kehlen"), wobei ein Großteil der Innereien mit herausgezogen wird (1). Gräten, Reste des Darms und Pankreas (Bauchspeicheldrüse) verbleiben im Fisch, letztere tragen mit ihren Enzymen zur Reifung im Fass bei. Der nächste Schritt ist das Salzen (2). Je nach späterer Spezialität werden die jungen Heringe auch mit Kräutern oder Gewürzmischungen eingelegt (3 und 4). Nach der Reifezeit im Fass wird er zum Abtropfen herausgenommen und anschließend geputzt (5 und 6). Das Ergebnis ist ein silbrig-braunes, fein glänzendes Matjesfilet mit leicht rötlicher Unterseite (7). Es schmeckt mild-salzig, zart-schmelzend, hat einen Fettgehalt von 12 bis 20 Prozent (gutes Fett! Stichwort Omega-3) und sollte nicht mehr als 35 und 50 Gramm wiegen.

Seit 1999 trägt Henning Plotz' „Original Glückstädter Matjes" das Gütesiegel „Geprüfte Qualität Schleswig-Holstein". Er hat sich mit seiner Manufaktur etabliert und trägt dazu bei, dass Glückstadt als *Matjes-Mekka* des Nordens Jahr für Jahr die Matjes-Liebhaber in Scharen anzieht.

GLÜCKSTADT

Bistro Nettchen

Nettchen
Am Hafen 1a, 25348 Glückstadt
Telefon 0 41 24 / 93 27 77

Anfahrt
Vom Bahnhof Glückstadt zu Fuß erreichbar

Öffnungszeiten
April bis Mitte Oktober: 11 Uhr bis open end
Mitte Oktober bis Ende März: Mo bis Fr 14 Uhr bis open end
und Sa und So 11 Uhr bis open end

„Vorher stand hier nur 'ne alte Reparaturwerft, sah unschön aus, und dann hab ich gesagt, das geht besser". Henning Plotz hat es geschafft und zauberte im Jahre 2009 das „Nettchen" an das Ende des Hafenbeckens von Glückstadt. Wo früher die Ausflügler aus Hamburg und Umgebung am Hafen auf Grund liefen, steht nun eine veritable Versorgungsstation für Motorradpulks, Fahrradgruppen und Oldtimer-Enthusiasten, alle meistens hungrig und durstig.

Mit den zirka fünfzig Indoor-Stühlen, 120 Außenplätzen (einige überdacht) und den Treppenstufen runter zum Hafenbecken sind hier soviel Sitzgelegenheiten, dass

selbst der komplette Kader vom FC Bayern München (nebst Anhang, Funktionären usw.) einen Platz finden würde. Aber solange die Kicker vom ETSV Fortuna Glückstadt in der Kreisliga West verweilen, werden Robben, Götze & Co. sich wohl nicht auf den Weg machen. Wenn die wüssten! Hier im „Nettchen" gibt es nämlich endlich mal keine Weißwurst, hier spielt der Matjes in der Championsleague.

Der Glückstädter Fischbrötchenbelag hat es geschafft, in die Liga der europaweit geschützten Lebensmittel aufzusteigen. Kein Wunder, denn die Matjesproduktion liegt in den Händen vom „Matjesrebell" Henning Plotz. Ein paar

„Matjespapst" Henning Plotz und sein „Nettchen": Tradition trifft Moderne

hundert Meter weiter, quasi um die Ecke, veredelt der „Nettchen"-Inhaber den Hering zum Matjes, alles in Handarbeit und ohne künstliche Zusätze.

Und das schmeckt man! Wer im bzw. vorm „Nettchen" ins Matjesbrötchen beißt, handgepulte Krabben mit Rührei auf Schwarzbrot (von der örtlichen Bäckerei „Mertz") genießt oder eine der leckeren Fischbrotzeiten bestellt, kommt bestimmt wieder hierher ins Matjesparadies. Das ist fast noch sicherer als die nächste Meisterschaft des FC Bayern.

Übrigens: Henriette Plotz, die Mutter des jetzigen Betreibers, war (Spitz-)Namensgeberin des Restaurant – wie Nett(chen). 🐟

Günstig übernachten

Jugendherberge, das klingt erstmal nach großen Schlafsälen mit durchgelegenen Matratzen und einem Geruch aus Hagebuttentee und Bohnerwachs. Nicht so in Glückstadt: Direkt am Hafen befindet sich eine der modernsten Herbergen ihrer Art. Zwei- und Vierbettzimmer mit Dusche und WC. Ein Kanuverleih nebenan, viele Sportmöglichkeiten und Elbradwege „deluxe" runden das Angebot ab (*Telefon 0 41 24 / 60 44 55; www.glueckstadt.jugendherberge.de*).

Hering
✳

Fragt der Lehrer die Klasse: „Wozu gehört der Wal?" „Zu den Säuge-
tieren!" „Und wozu gehört der Hering?" „Zu den Pellkartoffeln!" Ein
lausiger Witz, der aber viel aussagt über die Bedeutung und unsere Wahrnehmung des *Herings (Clupea harengus)*. Rund ein Viertel
der in Deutschland verzehrten Fische sind Heringe. Ob als Konserve in Tomatensauce, Rollmops, Matjes, Bückling, Bismarck oder
mit dem irreführenden Namen Kronsardine – am Hering kommt
der Fischesser und auch der Fischbrötchenliebhaber kaum vorbei. Warum auch, wenn er doch gut schmeckt und zudem gesund
und bekömmlich ist? Schon die Hanse und viele Städte Dänemarks und Norwegens gründeten ihren Wohlstand auf den Fang
des Herings, noch Anfang des 20. Jahrhunderts sollen die Leute
die Heringe eimerweise aus der Schlei und der Elbe geholt haben.
Ende der Siebzigerjahre brachen die Bestände jedoch so ein, so dass
ein Fangverbot in der Nordsee erlassen wurde. Mittlerweile geht
es den Beständen wieder prächtig, die Schwärme sind größer und
zahlreicher. Und wer einmal einen frisch aus dem Rauch geholten
Rollmops im knackigen Brötchen probiert hat, der weiß: Was Bes-
seres wird er an diesem Tag nicht mehr auf den Tisch bekommen!

ORIGINAL GLÜCKSTÄDTER MATJES
Naturgereift und handfiletiert.

So schmeckt Küste!

PLOTZ
SPEZIALITÄTEN

65

HAMBURG-NEUMÜHLEN

Nuggi's Elbkate

Nuggi's Elbkate
Anleger Neumühlen, 22763 Hamburg

Anfahrt
Vom Bahnhof Altona mit der Buslinie 112 bis zur Haltestelle „Neumühlen/
Övelgönne"

Öffnungszeiten
April bis Ende September: täglich von 12 bis 23 Uhr, sonntags ab 11 Uhr
In den Wintermonaten: bis 21 Uhr
Im Dezember und Januar: rund sechs Wochen Betriebsferien

Touristen und Hamburger, die man auf dem Anleger von Neumühlen antrifft, wollen entweder die Fähre der Linie 62 nach Finkenwerder oder zu den Landungsbrücken entern oder ruhmreiche, alte Kähne besichtigen: Denn hier befindet sich mit dem Museumshafen Övelgönne Deutschlands älteste, unbedingt sehenswerte Ausstellungsschau für Traditionsschiffe (siehe Tipp). Wasserfahrzeuge unterschiedlichster Art präsentiert auch „Nuggi" in seiner winzigen „Elbkate", allerdings im Miniaturformat: Vom Buddelschiff bis zum ein Meter langen (und nach ihm benannten) „Nuggliner" hat der Inhaber der örtlichen Fischbrötchen-bude allerlei Seefahrtsandenken rund um seinen Tresen aufgebaut. Nuggi, der sich weder seinen richtigen Namen und noch sein Alter entlocken lässt, kann herrliches Seemannsgarn spinnen und aus seinem ereignisreichen Leben erzählen. Immerhin befuhr er 25 Jahre lang als Steuermann die Weltmeere.

Längst hat sich der alte Seebär niedergelassen und sorgt nun im Museumshafen für das leibliche Wohl seiner Gäste. Genau drei Sorten Fischbrötchen gibt's, nämlich Matjes, Bismarck und Lachs. Die Brötchen werden knusprig aufgebacken und frisch belegt, auf Wunsch mit Gurke und/oder Zwiebeln garniert. Gerne überreicht Nuggi

Eine perfekte Mischung: Fischbrötchen, Hafenflair, Salsa und natürlich Nani

sie aber auch pur, denn: Ein Fischbrötchen muss nun mal nach Fisch schmecken! Dazu ordert man 'ne Buddel Bier und sucht sich dann ein Plätzchen, um den Blick über die Elbe zu genießen.

Oft schmeißt Nuggis Ehefrau Nani, die vor vielen Jahren aus der Dominikanischen Republik nach Deutschland kam, den Laden ganz allein. Rund um die „Elbkate" verbreitet sie eine fröhlich-entspannte Atmosphäre mit Salsa-, Merengue- und Bachatamusik, die von Stammgästen und Ausflüglern ebenso geliebt wird wie Nanis ansteckendes Lachen. Fischbrötchen und Bier, Salsa und Schiffen hinterherträumen: Für diese Mischung gibt es eine Eins mit Stern!

An Bord gehen

Gleich gegenüber von „Nuggi's Elbkate" ist der historische Dampf-Eisbrecher „Stettin" vertäut. Der über 80 Jahre alte Kohledampfer wird von Ehrenamtlichen in roten Overalls liebevoll gehegt und gepflegt. Während der Sommermonate ist das Schiff regelmäßig im Rahmen von Großveranstaltungen wie Hafengeburtstag oder Kieler Woche unterwegs. Ansonsten kann die „Stettin" täglich zwischen 10 und 18 Uhr besichtigt werden (*www.dampf-eisbrecher-stettin.de*).

66

HAMBURG-ALTONA
Fischmarkt Bistro

Fischmarkt Bistro
Große Elbstraße 133, 22767 Hamburg

Anfahrt
Vom Bahnhof Altona mit der Buslinie 112 bis Haltestelle „Elbberg"

Öffnungszeiten
Di bis So 11.30 bis 18 Uhr

Wer beim Anblick des stattlichen Burgers „Octopus" ein leichtes Gruseln verspürt, den kann man durchaus verstehen: Frei nach dem Piratenfilm „Fluch der Karibik" hat Roland Teichmeier, seit 2008 Inhaber des Fischmarkt-Bistros, sein Brötchen mit gegrillten Tintenfisch-Tentakeln garniert, die schaurig-schön an den Seiten herausragen. Serviert wird die Freibeuter-Mahlzeit mit reichlich Salat und einer bläulich schimmernden Knoblauch-Curaçao-Soße, die dem Ganzen eine Extraportion karibisches Flair verleiht. Echt lecker!

Mit den Fischburgern, die es mit *Lachs, Thunfisch,* Backfisch, *Wolfsbarsch* und in Kräuterbutter gebratene *Garnelen* gibt, ist das „Fischmarkt-Bistro" in eine Marktlücke gestoßen. „Wir sind einzigartig auf der Welt", konstatiert Teichmeier ganz unbescheiden, dessen markante Stimme selbst im Mittagstrubel rund um die Bistro-Theke kaum zu überhören ist.

Kein Wunder: Roland Teichmeier betätigt sich nebenbei als Marktschreier auf dem Hamburger Fischmarkt. Im Bistro unterhält er seine Gäste gerne mit Döntjes von der Hafenkante und gibt nebenbei nützliche Tipps für die Fischzubereitung zu Hause. „Der Wirt macht die Atmosphäre", sagt Stammgast Armin Troiber. Übrigens: Für Fischbrötchen-Fans, die nicht so richtig auf diese Tentakel-Sachen stehen, hat Roland Teichmeier selbstverständlich auch „normale" Fischbrötchen mit Matjes, Bismarck & Co. parat …

Captain Sparrow's Lieblingsburger, einzigartig zwischen Hamburg und Haiti

Was Süßes danach

Im Anschluss an die herzhafte Fischbrötchenmahlzeit ist eigentlich ein Besuch im „Café Schmidt" direkt gegenüber Pflicht, von dem das „Fischmarkt-Bistro" seine leckeren Brötchen bezieht (in Olivenöl ausgebackener Sauerteig, ohne Konservierungsstoffe). Legendär und absolut unwiderstehlich sind Blaubeertarte, Mohn- und Käsekuchen. Und wenn Teile der Großen Elbstraße nachmittags langsam schattig werden, kann man sich beim „Schmidt" immer noch schön bei Kaffee und Kuchen in der Sonne aalen. (*Große Elbstraße 212, Telefon 040 / 41 30 67 10 13; Mo bis Fr 8 bis 18 Uhr, Sa / So 10 bis 18 Uhr*)

Die Zwei-Sterne-Fischfrikadelle

Der Urlaub an Nord- oder Ostsee zu Ende, der Ausflug zum Strand vorbei, aber der Appetit auf Fisch bleibt. Was nun? Wir haben einfach mal einen der besten Köche Deutschlands gefragt, wie der Fisch(brötchen)liebhaber seiner Leidenschaft auch zu Hause nachgehen kann.

Christoph Rüffer, Sternekoch im „Haerlin", dem Hotelrestaurant des „Vier Jahreszeiten" in Hamburg, hatte Spaß an der Idee und sagte: „Ich versuch da mal was ..." Das klang schon mal vielversprechend. Aber ein Rezept vom „Koch des Jahres 2014"? Könnte das nicht eventuell enorm aufwändig werden? Das Gegenteil ist der Fall! Sein kreiertes

Zutaten

500 g weißes Fischfilet (Meeresfische: *Dorsch*, *Rotbarsch*, *Seelachs*, aber auch Süßwasserfische wie *Brasse*, *Hecht* oder *Zander*). Ansonsten: Fragen Sie den Fischhändler Ihres Vertrauens!
1 normales Brötchen, 120 ml Milch, 1 EL Senfkörner, 1 Zwiebel, 1 EL Butter, 2 Eier, 1 EL feingehackte Petersilie, 2 EL Zitronensaft, Salz, weißer gemahlener Pfeffer, Butterschmalz

Zubereitung

1. Das Filet in einem Mixer sehr gut zerkleinern.
2. Das Brötchen fein würfeln und in eine Schüssel geben. Die Milch mit den Senfkörnern aufkochen, zu den Brötchenwürfeln geben und zehn Minuten quellen lassen.
3. Die Zwiebel in feine Würfel schneiden und in einem Topf mit der Butter glasig anschwitzen. Anschließend die Zwiebelwürfel mit dem zerkleinerten Fischfilet zu den eingeweichten Brötchenwürfeln geben und zusammen mit 2 Eiern vermengen.
4. Die Fischfrikadellenmasse mit 2 Esslöffeln Zitronensaft, Salz, Pfeffer und gehackter Petersilie abschmecken und 15 Minuten kühl stellen.
5. Im Anschluss mit feuchten Händen Fischfrikadellen formen und in einer heißen Pfanne in Butterschmalz zwölf Fischfrikadellen braten.

Rezept kann auch von Laien am Herd nachgekocht werden: genial einfach und nicht zu toppen.

Fast überflüssig zu erwähnen: Zu den selbstgemachten Fischfrikadellen passt natürlich hervorragend ein selbstgemachter Kartoffelsalat.

67

HAMBURG-ALTONA

Meeres-Kost

Meeres-Kost
Große Elbstraße 135, 22767 Hamburg
Telefon 040 / 380 56 21

Anfahrt
Vom Bahnhof Altona mit der Buslinie 112 bis Haltestelle „Elbberg"

Öffnungszeiten
Mo bis Fr 10 bis 18 Uhr
Sa 10 bis 16 Uhr, bei gutem Wetter gern auch länger

„Letzter Imbiss vor New York" steht auf der Tafel neben dem Eingang. Warum? Na, weil man gleich um die Ecke am Altonaer Kreuzfahrt-terminal auf große Fahrt gehen kann. Also schnell noch ein Fisch-brötchen auf die Faust, damit es auf hoher See nicht zu einer größeren Hungerattacke kommt!

Die „Meeres-Kost" zählt sicher nicht zu den schicken Gourmet-tempeln, die die Große Elbstraße säumen. Dafür kann der alteinge-sessene Fischimbiss ganz groß in puncto Auswahl und Frische auf-trumpfen: Nicht weniger als zwölf Fischbrötchenvarianten stehen zur Wahl, von der bekannten Standard-version Bismarckhering bis hin zu Seelachs und Matjes. Bismarck und

Kostenlose Fernsicht
In der Van-der-Smissen-Straße, nur ein paar Gehminuten von „Meeres-Kost" entfernt, befindet sich das 2005 fertiggestellte „Dockland Office Building", des-sen markante Form an einen gewaltigen Schiffsbug aus Glas und Stahl erinnert. 140 Stufen führen zur fast 50 Meter hohen, öffentlich zugänglichen Dach-terrasse hinauf – wer's geschafft hat, bekommt einen grandiosen Ausblick auf Elbe, Hafen, Con-tainerterminals und dicke Pötte geboten.

In Altona Fischbrötchenanbieter der ersten Stunde: Wolfgang Behrmann

Matjes gibt's sogar als Doppelfilet. Ein Großteil der Ware stammt aus eigener Produktion, bei der die zarten Filets in hausgemachter Marinade veredelt werden. Auch das Räuchern von *Aal* und *Makrele* über der Glut von Buchen- und Eschenholz besorgt der Betrieb in Eigenregie.

Die Brötchen (in Baguetteform, damit auch der ganze Fisch draufpasst) werden direkt nach der Bestellung frisch aufgebacken und belegt. Wer will, kann Salat und Marinade dazu bekommen, aber am liebsten verzichtet Inhaber

Wolfgang Behrmann auf jeglichen Schnickschnack. „Die Leute sollen den Genuss pur haben", sagt er.

Schon seit 1970 ist die „Meeres-Kost" an der Großen Elbstraße zu Hause. Damit ist Behrmann der Fischbrötchen-Pionier am Altonaer Elbufer. Bereits sein Vater und sein Großvater betätigten sich als Fischräucherer. Heute schaut gerne mal der eine oder andere Promi vorbei: Die Fantastischen Vier wurden bereits gesichtet, ebenso Otto Waalkes und Wigald Boning. So viel Tradition spricht sich eben herum.

68

HAMBURG-ALTONA

Atlantik Fisch mit BistrOcean

Atlantik Fisch mit BistrOcean
Große Elbstraße 139, 22767 Hamburg
Telefon 040/39 11 23

Anfahrt
Vom Bahnhof Altona mit den Buslinien 111 oder 112 bis zu den Haltestellen „Elbberg" oder „Kreuzfahrtterminal Altona"

Öffnungszeiten
Mo bis Fr 6 bis 16 Uhr, Sa 7 bis 15 Uhr

Als Besucher des „BistrOcean" ist man zunächst mal überwältigt von der bunten Auswahl an Frischfisch, die im Eingangsbereich aufgefahren wird und dem Betrachter das Wasser im Munde zusammenlaufen lässt: Wie in einem barocken Gemälde präsentieren sich dort eisgekühlte Meeresfrüchte und Seefische in Hülle und Fülle.

Kein Wunder: Der Handel und Versand von Meeresgetier aller Art ist schließlich das Hauptgeschäft des wahrscheinlich edelsten Hamburger Fischbrötchenlokals (die Bezeichnungen „Bude" oder „Imbiss" verbietet sich in diesem Fall).

Frisch zubereitet und im Bio-Brötchen serviert werden unter anderem *Zander*, *Seelachs*, *Thunfisch*, *Kabeljau* und *Wolfsbarsch*. Aber im Grunde kann man sich sein – im Ofen aufgebackenes – Brötchen mit allem belegen lassen, was gerade im Angebot ist. Als Garnitur gibt's Tomate und Gurke sowie diverse Remouladen (in den Geschmacksrichtungen Kräuter, Knoblauch oder Cocktail). Auf Wunsch servieren die „Atlantik"-Mitarbeiter den Snack mit frischen Stengeln von Salicorne, einem salzig schmeckenden Wildgemüse von Wattböden, das man unbedingt mal probiert haben sollte.

Unangefochtener Star der Fischbrötchen-Haute-Cuisine ist natürlich das erlesene Hummerbrötchen, das mit Salat und feinster Cocktailsoße gereicht wird und

Der rustikale Vorplatz sollte Sie nicht täuschen, hier gibt's Hummerbrötchen!

selbstverständlich seinen Preis hat, aber auch jeden Euro wert ist. Da es im „BistrOcean" insbesondere zur Mittagszeit schnell sehr voll wird, gibt's die Fischbrötchen leider nur außer Haus. Macht aber nix: Der Vorplatz mit seinen Tischen und langen Bänken ist bei schönem Wetter eine kommunikative Open-Air-Alternative. 🐟

69

HAMBURG-ALTONA

Wilhelm Goedeken Frischeshop

Wilhelm Goedeken Frischeshop
Große Elbstraße 141b, 22767 Hamburg

Anfahrt
Vom Bahnhof Altona mit den Buslinien 111 oder 112 bis zu den Haltestellen „Elbberg" oder „Kreuzfahrtterminal Altona"

Öffnungszeiten
Mo bis Fr 9 bis 16 Uhr

Der „Frische Shop" von Fischgroßhändler Wilhelm Goedeken ist nicht zu verfehlen, denn er liegt ganz am Ende der langen Kette von Fischrestaurants und Imbissbuden in der Große Elbstraße an der Altonaer Hafenkante. Ein Besuch bei „Goedeken" lohnt sich allemal. Der im Jahr 1926 unter dem Namen „Manufaktur für Heringsmarinaden" gegründete Betrieb hat eine exquisite Auswahl an Fischspezialitäten und Marinaden im Programm.

Allein das Matjesfilet gibt's in unzähligen Varianten, unter anderem in den Geschmacksrichtungen „Aalrauch" und „Kräuter". Besonders würzig und lecker schmeckte im Test die Version „Nordisch", bei der Rotholz, Wacholderbeeren und Rote Bete verwendet werden.

Weiterhin im Angebot sind Brathering, Backfisch und Seelachsschnitzel.

Als Großhandel ist „Goedeken" weltweit im Einsatz und beliefert auch andere Hamburger Fischbrötchenbuden mit maritimen Köstlichkeiten. In den Kühlregalen stehen fertige Marinaden und Feinkostsalate zum Mitnehmen bereit. Wer sich nicht entscheiden kann (was angesichts der üppigen Auswahl verständlich ist), wird natürlich kompetent beraten.

Vom schlichten Ambiente des „Frische Shop" – weiße Fliesen, einfaches Neonlicht – sollte man sich übrigens nicht täuschen lassen. „Goedeken" ist ein weiterer Beweis dafür, dass hinter unscheinbaren Imbissfassaden nicht selten die

Stefan und Tanja und drei Chinesen ohne Kontrabass, aber mit Backfisch

schmackhaftesten Fischbrötchen zubereitet und verkauft werden. Das hat sich herumgesprochen: Häufig bildet sich vor dem Tresen eine lange Schlange. „Goedeken"-Kunden – vom Bauarbeiter bis zum Börsenmakler ist alles vertreten – lieben die persönliche Atmosphäre und die freundliche Bedienung. „Bei uns kommt man direkt in die gute Stube hinein", sagt Mitarbeiter Stefan Schuldt.

Für Nachtschwärmer

Fischmarkt? Klar, kennt man doch! Das behaupten jedenfalls 99 Prozent aller Touristen, die mal die Hansestadt besucht haben – sie meinen jedoch das trubelige Sonntagmorgenvergnügen auf St. Pauli. Damit aber hat der echte, wahre (Altonaer!) Fischmarkt wirklich gar nichts zu tun. Wer mal gucken möchte, wo der Profi einkauft, der macht einen Abstecher in die Markthalle der Fischmarkt Hamburg-Altona GmbH, die sich direkt hinter den Restaurants und Imbissen in der Großen Elbstraße befindet. Ab 1 Uhr nachts geht es hier los, dann kommen Händler aus ganz Deutschland, um frischen *Rotbarsch*, *Dorsch* & Co. en gros zu erstehen. Hier können auch Privatmenschen einkaufen (*Große Elbstraße 137*, Eingänge in der Hallenmitte und an der östlichen Stirnseite).

HAMBURG

HAMBURG-ST. PAULI

Brücke 10

Brücke 10
Auf den St. Pauli Landungsbrücken 10, 20359 Hamburg
Telefon 040/33 39 93 39

Anfahrt
Mit der U3 oder S1 bis zur U/S-Bahnstation „Landungsbrücken"

Öffnungszeiten
Ab Ostern: täglich von 10 bis 22 Uhr (bei Bedarf auch länger)
Ab November: täglich von 10 bis 20 Uhr

An Wochenenden – insbesondere während der Ferienzeit – zählen die Landungsbrücken zu den am häufigsten besuchten Orten Hamburgs. Für Daniela Bornhöft und ihr Team heißt es dann jedesmal ranklotzen: Brötchen backen, aufschneiden, belegen, garnieren – und das alles im Akkord. Höchstens 15 Minuten dauert es im Normalfall, bis zwei Tabletts leergekauft sind. „Stress muss man mögen", sagt die junge Geschäftsführerin der „Brücke 10" und lacht. Die Qualität der Ware leide unter dem Arbeitstempo ganz bestimmt nicht. „Wir legen uns für jedes Brötchen ins Zeug!"

Die „Brücke 10" ist berühmt für ihr gigantisches Krabbenbrötchen: Der Berg von sage und schreibe

Tanz auf den Wellen
Das Partyschiff „Frau Hedi" gehört zu St. Pauli wie die Knolle Bier zum Fischbrötchen: Zwei- bis dreimal wöchentlich legen „Hedi" und ihre Schwesterschiffe „Claudia" und „Christa" ab, um im Hafen auf Tanztörn zu gehen. Bewegt wird sich zu Punk, Ska, Pop, Swing, Blues, Reggae, Electro und einer Menge mehr. Getränke sind an Bord zu haben. Der Ein- und Ausstieg (*Brücke 10, Innenkante*) ist einmal pro Stunde möglich (*www.frauhedi.de*).

Kein gestelltes Foto: So sehen Krabbenbrötchen hier wirklich aus – versprochen!

120 Gramm rosa *Nordseegarnelen* zwischen zwei Brötchenhälften versetzt die Kunden jedesmal in Erstaunen. Zu haben ist die Leckerei auf Wunsch mit Kräuterremoulade, empfehlenswert ist allerdings auch die Variante ohne was drauf, weil Krabbenfleisch pur ganz einfach am besten schmeckt. In diesen Kaventsmann hineinzubeißen, ist nicht ganz einfach, deshalb darf gerne eine Gabel zu Hilfe genommen werden, ohne dass es dafür mitleidige Blicke gibt.

Weiterhin im Angebot sind Bismarckhering, *Seelachs*, Matjes, Brathering und, und, und ... Insgesamt kann der Kunde aus mehr als zehn Belagvarianten wählen.

Die sympathische Bude an den Landungsbrücken wurde vor kurzem runderneuert: Das Mobiliar innen wie außen (je rund 80 Plätze) besteht aus weißen Holzplanken, die der Einrichtung einen maritimen Touch verleihen.

Drinnen an den Wänden hängen neben alten Schiffsbarometern großformatige Fotos, die stimmungsvolle Hafenszenen zeigen. Wer draußen sitzt, genießt den Anblick von Barkassen, Docks und Containerbrücken im Original. Stammkunde und Hobbysegler Heinz Hertling: „Hier schaue ich immer vorbei, wenn ich Sehnsucht nach dem Meer habe."

IMPRESSUM

Herausgeber
Tilman Schuppius (v. i. S. d. P.)

Redaktionelle Leitung
Tilman Schuppius

Autoren (Die Buden)
Carola Flügel, Christopher von Savigny,
Tobias Enkelmann, Tilman Schuppius,
Ulrike Pech, Volker Pohl

Autoren (Die Geschichten)
Annette Woywode, Carola Flügel,
Tilman Schuppius, Olaf Preuß

**Autoren
(Fischkunde, Rezepte und Service)**
Christine Riebeling, Christoph Rüffert,
Dirk Brichzi, Dirk Luther, Ralf Höpfner,
Tilman Schuppius, Volker Pohl

Fotos
Tilman Schuppius
www.tilmanschuppius.de

Bildnachweise (Fotografien)
Daniela Podeus – Seite 189
Christopher von Savigny – Seiten: 11 Mitte,
23 l., 211, 215, 217
Henning Retzlaff – Seiten: 73 u. r., 85 o. r.
Tim Hoppe – Seiten: 50–54
Tobias Enkelmann – Seiten: 79, 81, 83 u. r.

Illustrationen
Elisabeth Jäger, Maria Wagner

Konzeption und Gestaltung
ulli neutzling designbuero, Hamburg:
Peter Glaab, Ulli Neutzling
www.neutzling.com

Lektorat / Schlussredaktion
Volker Pohl
vpohl01@gmail.com

Verlagsanschrift
Tilman Schuppius Verlag e. K.
Bismarckstraße 113
20253 Hamburg
Telefon 040 / 42 10 48 40
post@fb-report.de
www.fischbroetchenreport.de
www.facebook.com/fischbroetchenreport

Vertrieb
Buchhandel, Buchgroßhandel, Bahnhofs-
buchhandel, Zeitschriftengrosso und online
unter: *www.fischbroetchenreport.de*

Marketing / Anzeigen
Tilman Schuppius Verlag
Telefon 040 / 42 10 48 40

Hinweis
Alle Angaben in diesem Buch sind sorgfältig
geprüft worden. Preise, Öffnungszeiten etc.
können sich allerdings schnell ändern. Für
eventuelle Fehler übernimmt der Verlag keine
Haftung. Über entsprechende Hinweise an
unsere Redaktion freuen wir uns.
E-Mail: *post@fb-report.de*

Besonderen Dank
Den Elisabeth's, Heike, Heilwig, Illy,
der „Peper-Gang" und allen Unterstützern

Copyright ⊖ 2015
Tilman Schuppius Verlag e. K., Hamburg

*2., überarbeitete und
deutlich erweiterte Auflage 2015*
ISBN 978-3-9814452-3-7

West

RE 6 Westerland (Sylt) – Hamburg-Altona
über Keitum · Morsum · Klanxbüll · Niebüll · Langenhorn · Bredstedt · Husum · Friedrichstadt · Lunden · Heide (Holst.) · Itzehoe · Elmshorn **NOB**

RB 61 Itzehoe – Hamburg Hbf
über Krempermühle · Krempe · Glückstadt · Herzhorn · Elmshorn · Tornesch · Prisdorf · Pinneberg · Hamburg Dammtor **nordbahn**

RB 62 Heide – Itzehoe
über Meldorf · St. Michaelisdonn · Burg (Dithm.) · Wilster **NOB**

RB 63 Büsum – Neumünster
über Reinsbüttel* · Süderdeich* · Wesselburen · Jarrenwisch* · Tiebensee* · Heide · Nordhastedt · Albersdorf · Beldorf · Hademarschen · Gokels · Beringstedt · Osterstedt · Hohenwestedt · Aukrug · Wasbek · Neumünster Stadtwald **nordbahn**

RB 64 Bad St. Peter-Ording – Husum
über Bad St. Peter Süd · Tating · Tönning · Katharinenheerd · Kating* · Tönning · Harblek* · Witzwort* **DB BAHN**

RB 65 Niebüll – Dagebüll Mole
über Niebüll NEG · Deezbüll* · Maasbüll* · Dagebüll Kirche* **neg≡**

RB 66 Esbjerg/DK – Tønder/DK – Niebüll
über Süderlügum* · Uphusum* (* = Bedarfshalt) **ARRIVA**

Mitte

RE 7 Flensburg – Hamburg Hbf
über Tarp · Jübek (tagsüber nur 2-stündlich) · Schleswig · Owschlag (tagsüber nur 2-stündlich) · Rendsburg · Nortorf · Neumünster · Elmshorn · Hamburg Dammtor **DB BAHN**

RE 70 Kiel Hbf – Hamburg Hbf
über Bordesholm · Neumünster · Brokstedt · Wrist · Elmshorn · Hamburg Dammtor **DB BAHN**

RB 71 Wrist – Hamburg-Altona
über Dauenhof · Horst · Elmshorn · Tornesch · Prisdorf · Pinneberg **nordbahn**

RB 71 Itzehoe – Elmshorn (– Hamburg-Altona)
über Krempermühle · Krempe · Glückstadt · Herzhorn (verkehrt zeitweise, in Elmshorn Ankoppelung an RB 71 aus Wrist) **nordbahn**

RE 72 Flensburg – Kiel Hbf
über Husby · Sörup · Süderbrarup · Rieseby · Eckernförde · Gettorf · Suchsdorf **DB BAHN**

RB 73 Eckernförde – Kiel Hbf
über Gettorf · Suchsdorf · Kronshagen · Kiel-Hassee CITTI-PARK **DB BAHN**

RB 74 Husum – Kiel Hbf
über Jübek · Schleswig · Owschlag · Rendsburg · Felde **DB BAHN**

RB 75 Rendsburg – Kiel Hbf
über Schülldorf · Bredenbek · Felde · Achterwehr · Melsdorf · Kiel-Russee · Kiel-Hassee CITTI-PARK **DB BAHN**

RB 76 Kiel Hbf – Kiel Schulen am Langsee
(1 x Mo-Fr an Schultagen, nur Ausstieg) **DB BAHN**

RB 77 Kiel Hbf – Neumünster
über Flintbek · Bordesholm · Einfeld **DB BAHN**

Ost

RE 8 Lübeck Hbf – Hamburg Hbf
über Reinfeld · Bad Oldesloe **DB BAHN**

RE 80 Lübeck Hbf – Ahrensburg – Hamburg Hbf
über Reinfeld · Bad Oldesloe · Ahrensburg **DB BAHN**

RB 81 Bad Oldesloe – Hamburg Hbf
über Kupfermühle · Bargteheide · Ahrensburg-Gartenholz · Ahrensburg · Hamburg-Rahlstedt · Hamburg-Tonndorf · Hamburg-Wandsbek · Hasselbrook **DB BAHN**

RB 82 Neumünster – Bad Oldesloe
über Neumünster Süd · Rickling · Wahlstedt · Fahrenkrug · Bad Segeberg · Altengörs* · Wakendorf · Fresenburg* **nordbahn**

RE 83 Kiel Hbf – Lübeck Hbf – Lüneburg
über Raisdorf · Preetz · Plön · Bad Malente-Gremsmühlen · Eutin · Bad Schwartau · Lübeck Hbf · Lübeck-Hochschulstadtteil · Lübeck Flughafen · Ratzeburg · Mölln · Büchen · Lauenburg **DB BAHN**

RB 84 Kiel Hbf – Lübeck Hbf
über Kiel-Elmschenhagen · Raisdorf · Preetz · Ascheberg · Plön · Bad Malente-Gremsmühlen · Eutin · Pönitz · Pansdorf · Bad Schwartau **DB BAHN**

RB 85 Puttgarden – Lübeck Hbf
über Fehmarn-Burg · Großenbrode · Oldenburg · Lensahn · Neustadt · Sierksdorf · Haffkrug · Scharbeutz · Timmendorfer Strand · Bad Schwartau **DB BAHN**

RB 86 Lübeck-Travemünde Strand – Lübeck Hbf
über Lübeck-Travemünde Hafen · Lübeck-Travemünde Skandinavienkai · Lübeck-Kücknitz · Lübeck-Dänischburg IKEA **DB BAHN**

RE 4 Lübeck-Bad Kleinen – Ueckermünde/Stettin
über Lübeck-St. Jürgen · Schönberg · Grevesmühlen **DB BAHN**

RE 1 Hamburg Hbf – Schwerin – Rostock
über Hamburg-Bergedorf · Schwarzenbek · Müssen · Büchen **DB BAHN**

RB 11 Aumühle – Büchen
über Friedrichsruh · Schwarzenbek · Müssen **DB BAHN**

Süd

A 1 Neumünster – Hamburg-Eidelstedt
über Neumünster Süd · Boostedt · Großenaspe · Wiemersdorf · Bad Bramstedt · Bad Bramstedt Kurhaus · Lentföhrden · Nützen · dodenhof · Holstentherme · Kaltenkirchen · Kaltenkirchen Süd · Henstedt-Ulzburg · Ulzburg Süd · Tanneneck · Ellerau · Quickborn · Quickborn Süd · Hasloh · Bönningstedt · Burgwedel · Schnelsen · Hörgensweg · Eidelstedt Zentrum **AKN**

A 2 Ulzburg Süd – Norderstedt Mitte
über Meeschensee · Haslohfurth · Quickborner Str. · Friedrichsgabe · Moorbekhalle **AKN**

A 3 Elmshorn – Ulzburg Süd
über Langenmoor · Sparrieshoop · Bokholt* · Vollloch · Barmstedt · Brunnenstr. · Barmstedt · Langeln · Alveslohe · Henstedt-Ulzburg **AKN**

S 1 Wedel – HH-Poppenbüttel – Hamburg Airport
über Hamburg-Altona – Hamburg Hbf **S-Bahn Hamburg**

S 21 Hamburg-Elbgaustraße – Aumühle
über Hamburg-Eidelstedt – Hamburg Dammtor – Hamburg Hbf – Hamburg-Bergedorf – Reinbek – Wohltorf **S-Bahn Hamburg**

S 3 Pinneberg – Hamburg – Stade
über Thesdorf · Halstenbek · Krupunder · Hamburg Elbgaustraße · Hamburg-Eidelstedt · Hamburg-Altona · Hamburg Hbf · Harburg **S-Bahn Hamburg**

& Barrierefrei erreichbare Bahnsteige; Einstieg in Nahverkehrszügen in der Regel mit fahrzeuggebundener Einstiegshilfe möglich.

& Bitte rufen Sie rechtzeitig bei der MobilitätsServiceZentrale an, wenn Sie Servicepersonal oder Einstiegshilfen benötigen:
Tel. 01806-512512 (20 Ct/Anruf aus dem deutschen Festnetz, Mobilfunk max. 60 Ct/Anruf)

WC Behindertengerechtes WC

	Staatsgrenze
	Landesgrenze
	Kreisgrenze
RE 70	Linienname
●━━━	Nahverkehrslinie mit Haltepunkt
	Nahverkehrslinie mit Halt (farbig) oder ohne Halt (weiß)
Tiebensee*	Bedarfshaltepunkt

Außerhalb der Hauptverkehrszeit und an Wochenenden sind Abweichungen möglich.
Gültig ab 14. Dezember 2014.
Linien und Stationen im Hamburger Stadtgebiet sind dem HVV-Liniennetzplan zu entnehmen.

Herstellung und Vertrieb:
NAH.SH Nahverkehrsverbund Schleswig-Holstein GmbH, Raiffeisenstr. 1, 24103 Kiel
Tel. 01805-710707 (14 Ct/Min. aus dem deutschen Festnetz, Mobilfunk max. 42 Ct/Min.)
www.NAH.SH, gültig ab 14.12.2014